D1754415

PPVMEDIEN

MASTERING

PROFESSIONELLES AUDIO-EDITING UND MASTERING

STEFAN NOLTEMEYER

Verlag, Herausgeber und Autor machen darauf aufmerksam, dass die im vorliegenden Werk genannten Namen, Marken und Produktbezeichnungen in der Regel namens- und markenrechtlichem Schutz unterliegen. Trotz größter Sorgfalt bei der Veröffentlichung können Fehler im Text nicht ausgeschlossen werden. Verlag, Herausgeber und Autor übernehmen deshalb für fehlerhafte Angaben und deren Folgen keine Haftung. Sie sind dennoch dankbar für Verbesserungsvorschläge und Korrekturen.

© 2012
PPVMedien Gmbh, Postfach 57, 85230 Bergkirchen

ISBN 978-3-941531-78-9

Lektorat: Susanne Guidera, concepts4u, München
Layout & Satz: Bora-dtp, München
Druck: Westermann Druck GmbH Zwickau

Das Werk einschließlich aller seiner Teile ist urheberrechtlich geschützt. Jede Verwertung, die nicht ausdrücklich vom Urheberrechtsgesetz zugelassen ist, bedarf der vorherigen schriftlichen Zustimmung des Verlages. Das gilt insbesondere für Vervielfältigungen (auch auszugsweise), Bearbeitungen, Übersetzungen, Mikroverfilmungen und die Einspeicherung und Verarbeitung in elektronischen Systemen.

Inhalt

1. Einleitung: Was ist Mastering? 10

2. Grundlagen 13
Klangerzeuger 14
Medium 22
Empfänger: Das menschliche Ohr und das Mikrofon 25

3. Psychoakustik 26
Lautstärke 28
Tonhöhe 30
Kurven gleicher Lautstärke (Isophone) 31
Lokalisation von Schallquellen 33
Gesetz der ersten Wellenfront (Haas-Effekt) 36
Schwebung und binaurale Beats 36
Masking-Effekt 37
Zeitliche Verdeckung 38
Datenreduktion 38
Cocktail-Party-Effekt 39
Residualton 39
Die „Laune der Musik" 40

4. Raumakustik und Schallisolation 41
Schallisolation 41
Reflexionen 42
Stehende Wellen 44

Inhalt

Schallabsorption 45
Resonatoren 45
Schalltoter Raum 46
Diffusor 46
Position der Monitorboxen 47
Arbeiten mit Kopfhörern 49

5. Stereofonie und Stereo-Effekte 51
Intensitätsstereofonie 51
Knüppelstereofonie 52
Modulationseffekte 52
Nachhall (Reverb) 53
Hallplatte 54
Faltungshall 55
Gated-Reverb 55
Reverse-Hall 55
Stereobasis-Verbreiterung 56

6. Equipment 58
Hardware und Software 58
Verkabelung: Netzkabel, Audiokabel, Digitalkabel 61
Synchronisation 64
Anzeige-Instrumente 65
Monitorsystem 69
Aufbau eines analog-digitalen Mastering-Setups 73
Studiopegel und „Hi-Fi"-Pegel 75

7. Equalizer ... 76
Funktionen und Bauarten ... 76
Allgemeine Anwendungen ... 77
Parametrischer Equalizer ... 78
Semiparametrischer Equalizer ... 83
Kuhschwanz-Equalizer ... 83
Grafischer Equalizer ... 86
Notch-Filter ... 87
Phase-Linear-Equalizer ... 88
M/S-Equalizer ... 90
Dynamischer Equalizer ... 92

8. Regelverstärker ... 96
Kompressor ... 96
Side-Chain-Kompressor ... 100
Kompression im Mastering ... 101
Parallel-Kompression ... 102
Multiband-Kompressor ... 103
Limiter ... 106
De-Esser ... 110
Noisegate ... 112
Expander ... 114
Kompander ... 115

9. Verzerrungen ... 116
Lineare Verzerrung ... 116
Nichtlineare Verzerrung ... 124

10. Analyse und Bearbeitung eines Titels 126
Frequenzbereich 50 Hz-160 Hz............................ 128
Mittlerer Frequenzbereich................................ 129
Präsenzen 130
High-End 131
dB-Pegel 132
Phasenlage... 132
Transienten-Designer 133
Exciter 134
Urteilskraft... 135
Umsetzung fremder Vorstellungen......................... 136

11. Tape-Mastering 137

12. Remastering 139

13. Stem-Mastering 141
Hauptstimme 142
Chorstimmen 143
Bassdrum.. 143
Snaredrum... 145
Hi-Hat 145
Bass 146
E-Gitarre 147
Synthesizer 148

14. Das digitale Format ... 150
Abtasttheorem ... 150
Fehlerkorrektur ... 152
Hohe Samplerate ... 153
Hohe Bitrate ... 153
Digital-Analog-Umsetzer ... 154
Truncation ... 155
Dithering ... 155
Verlustfreie Formate ... 155
Verlustbehaftete Formate ... 156
Digitale Schnittstellen ... 159

15. Das CD-Master ... 160
Dynamik ... 160
Gesamtsound ... 160
Reihenfolge ... 161
Pausenlängen ... 161
Blenden und Crossfades ... 162
Störgeräusche ... 163
Master-Audio-CD ... 165
DDP-Master ... 166
Redbook-Standard ... 166
Metadaten ... 167

Über den Autor ... 169

Stichwortverzeichnis ... 170

1. Einleitung: Was ist Mastering?

„Wat is en Dampfmaschin? Da stelle mer uns janz dumm." Der Film „Die Feuerzangenbowle", aus dem diese Sätze stammen, ist von 1944. Ganz so alt ist das Mastering nicht, aber die Geschichte dieser Tätigkeit reicht eine ganze Weile zurück. Bereits 1958 begann die kommerzielle Einführung der Stereo-Schallplatte. Einer der ersten Equalizer, der UE 100 von Klein & Hummel, kam ebenfalls in diesem Jahr auf den Markt.

Vor dem Schneiden einer Vinylfolie, die zur Herstellung von Schallplatten notwendig ist, wurde und wird noch heute der fertige Mixdown eines Titels klanglich und technisch so aufbereitet, dass er bestmöglich auf einer Schallplatte klingen wird. Die mechanischen Eigenheiten einer Schallplatte erfordern eine spezielle Behandlung des Audiomaterials. Diese Bearbeitung der Musik wird von einem Toningenieur verrichtet, der auf diese Aufgabe spezialisiert ist. Er wird die oberen und unteren Grenzfrequenzen reduzieren, um Verzerrungen zu vermeiden und um Platz auf dem Vinyl zu sparen.

Um auf einem Vinyl die maximale Spielzeit zu platzieren, muss der Ingenieur mit dem Pegel und dem Anteil von tiefen Frequenzen haushalten. Je mehr Bassanteil einem Titel zugesprochen wird, umso breiter wird die Rille. Die optimale Verteilung von möglichst hohem Pegel und möglichst originalgetreuem Bass auf einer exakt festgelegten Fläche ist eine knifflige Aufgabe, die sehr viel Erfahrung bedarf.

Darüber hinaus hat der Toningenieur darauf zu achten, dass das Programm monokompatibel ist. Bei einem zu hohen Bassanteil im Seitensignal oder bei eklatanten Phasenverschiebungen weiß der Stichel, der die Vinylrille zieht, nicht, wohin er soll. Die Aufgabe, all das zu beachten, gegebenenfalls Equalizer einzusetzen, den Pegel und die Gesamtlaufzeit zu kontrollieren, wird nicht als Mastern bezeichnet. Inhaltlich entspricht dies aber dem, was wir darunter verstehen.

Der Begriff „Mastern" etablierte sich erst mit der Einführung der Audio-CD. Kurioserweise wurde das Mastern von Audio-CDs sehr viel einfacher. Monokompatibilität und Frequenzumfang spielten keine Rolle mehr, die maximale Spielzeit erhöhte sich auf 74 Minuten. Wurde sie einmal überschritten, blieb auch dies folgenlos. Einzig der digitale Pegel von 0 dBFS fungierte als Grenzwert. Aber auch diese letzte Beschränkung wurde schließlich durch die Erfindung des digitalen Limiters aufgehoben. Der digitale Limiter machte es möglich, eine nie da gewesene Lautheit zu generieren, ohne das Limit zu überschreiten. Das war der Beginn des „Lautheitswahns". In den neunziger Jahren bestand die Arbeit eines Mastering-Ingenieurs meist darin, möglichst hohe Lautheit zu erzeugen, ohne dass der Einsatz eines digitalen Limiters hörbar wurde. Ästhetische Ansprüche an die Sound-Qualität blieben weit dahinter zurück.

Erst nach etwa zehn Jahren fiel dem einen oder anderen Musikproduzenten auf, dass es kein Vergnügen ist, ein komplettes Album zu hören, das nicht mehr als 0,1 dB Dynamik besitzt. (1 dB wird definiert als der kleinste wahrnehmbare Lautheitsunterschied). Seither befinden wir uns in dem zaghaften Prozess, die Musik nun ein ganz klein wenig leiser und so dynamischer werden zu lassen. Somit ist es jetzt möglich und sinnvoll, sich mit den interessanten Aspekten des Masterings zu beschäftigen.

Ziel soll es sein, den individuellen Charakter eines Musiktitels und eines kompletten Albums zu stärken. Es gilt, den Klang wirklich zu optimieren und für alle denkbaren Hörsituationen vorzubereiten. Die technischen Möglichkeiten dazu sind mittlerweile enorm. Nach meinem persönlichen Rezept ist eine Kombination von digitaler Software und traditioneller analoger Hardware ideal. Plug-ins für Multibandkompression, Transienten-Designer und dynamische Equalizer ergänzen sich hervorragend mit Röhrenverstärkern und der analogen Sättigung einer Bandmaschine. Dabei hilft die zum Teil sehr alte analoge Technik, um der überwiegend digital produzierten Musik etwas Charme einzuhauchen.

2. Grundlagen

Bevor es in die Einzelheiten der audiophilen Bearbeitung geht, möchte ich einige tontechnische Grundlagen aufzeigen. Ich begebe mich mit meiner Beschreibung an den Anfang beziehungsweise den Ursprung eines Klanges und stelle dar, welche Faktoren beteiligt sind, um einen Klang zu erzeugen und wahrzunehmen. Zunächst einmal geht es um die physikalischen Gegebenheiten der Erzeugung und Übertragung eines Klangs, danach beschreibe ich einige menschliche Eigenarten bei der Wahrnehmung von Geräuschen und Musik.

An der Erzeugung und Wahrnehmung von Musik sind folgende drei Systeme beteiligt:

1. Klangerzeuger
2. übertragendes Medium
3. Empfänger

Diese Systemkette findet sich in der Physik bei zahlreichen Vorgängen: Licht, Elektrizität, Radioaktivität und so weiter. In jedem Falle gibt es einen Erzeuger, der unter Zufuhr von Energie eine Schwingung generiert, sowie ein Medium, das diese Schwingung überträgt und verbreitet. Schließlich findet sich auch noch ein Empfänger, der die Schwingungen aufnimmt und verarbeitet.

Uns interessiert eine ganz spezifische Art von Schwingung: die Schallwelle. Im physikalischen Sinne bezeichnet „Schall" lediglich die Ausbreitung einer mechanischen Welle. Schall kann sich sowohl in Flüssigkeiten, festen Stoffen als auch in Gasen ausbreiten. Musik lässt sich als eine organisierte Form von Schallereignissen beschreiben. Sie besteht aus Tönen, Überlagerungen von Tönen, Geräuschen, Stimmen, Gesang, einer rhythmischen Komponente und (ganz wichtig!) Pausen.

Klangerzeuger

Jedes Instrument besitzt einen „Ausgangsmechanismus". Ähnlich wie beispielsweise die Saite einer Gitarre ist die Membran eines Lautsprechers ein Ausgangsmechanismus. Unter Zufuhr von Energie beginnt dieser Mechanismus zu schwingen. Bei der Membran eines Lautsprechers tritt die Energie in Form einer elektrischen Wechselspannung auf, die im Ablauf der Zeit dem Abbild des musikalischen Inhaltes entspricht. Bei einer Gitarre führt der Musiker Energie zu, indem er eine Saite anschlägt. Daraufhin wird diese Energie als Schwingung der Gitarrensaite mit Hilfe eines Resonanzkörpers verstärkt.

Bei der Membran eines Lautsprechers wird durch das umschließende Gehäuse eine akustische Rückkopplung vermieden. Sowohl im Fall der Gitarre als auch bei einem Lautsprecher und vielen anderen Klangerzeugern wird die Abstrahlung der Schwingung optimiert, bevor sie an das zweite System, das Medium, abgegeben wird.

Per Definition besteht der Unterschied zwischen einem Ton und einem Geräusch darin, dass ein Ton nur bei einer sich wiederholenden Schwingung entstehen kann. Damit ist es möglich, einem Ton im Gegensatz zu einem Geräusch eine eindeutige Tonhöhe zuzuordnen. Betrachtet man einen einzelnen Ton, so wird er durch vier verschiede Faktoren bestimmt:

1. Tonhöhe,
2. Lautstärke,
3. Tondauer,
4. Klangfarbe.

Tonhöhe

Eine einzelne Schwingung ist im Idealfall eine Sinusschwingung. Sie tritt in der Natur praktisch nicht auf. Von allen Musikinstrumenten kommt der Ton einer Flöte einer Sinusschwingung am nächsten. Wichtige Begriffe sind im Kontext der Tonhöhe: „Frequenz", „Hertz", „Wellenlänge" und „Ausbreitungsgeschwindigkeit". Bei der Frequenz handelt es sich um eine physikalische Größe, welche die periodische Schwingung eines Tons beschreibt. Das Hertz (Hz) ist die Einheit für die Frequenz. Ein Hz entspricht einer Schwingung pro Sekunde. Der Kehrwert der Frequenz ist die Wellenlänge. Eine Frequenz von 20 Hz hat eine Wellenlänge von circa 17 Metern, 20.000 Hz entsprechen einer Wellenlänge von 1,7 Zentimetern. Die Wellenlänge wird berechnet als Ausbreitungsgeschwindigkeit (c) geteilt durch die Frequenz (f). Die Ausbreitungsgeschwindigkeit ist die Konstante in dieser Gleichung. Sie beträgt in der Luft 343 m/Sekunde (Schallgeschwindigkeit). Diese relativ langsame Ausbreitungsgeschwindigkeit ist für eine ganze Reihe von akustischen Phänomenen verantwortlich.

Wellenlänge	$\lambda = \frac{c}{f}$
Frequenz	$F = \frac{c}{\lambda}$
Periodendauer	$T = \frac{1}{f}$
Schallgeschwindigkeit	$c = 343 \text{ m/s}$

Formeln zur Wellenlänge, Frequenz, Periodendauer und Schallgeschwindigkeit

Intervall und Skala

In der Musik der westlichen Welt sind die Tonleitern nach dem diatonischen System aufgebaut. Danach hat eine Tonleiter

sieben Tonstufen. Diese Tonstufen enthalten entweder einen Ganztonschritt oder einen Halbtonschritt als Intervall.
Eine Oktave entsteht durch eine Verdopplung der Frequenz, ungeachtet der Grundfrequenz des Originaltons. Intervalle wie Terzen, Quarten, Quinten etc. ergeben sich aus mathematischen Teilverhältnissen zur Oktave. Das Intervall, das die Oktave genau in zwei gleiche Intervalle unterteilt, nennt man Tritonus (Intervall zwischen Quart und Quint).

Ein Akkord ist eine Aufeinanderschichtung von Terzen. Eine große Terz beschreibt ein Intervall, das zwei Ganztonschritte enthält. Eine kleine Terz enthält einen Ganzton- und einen Halbtonschritt. Bei einem Dur-Akkord ist die erste Terz oberhalb des Grundtons eine große Terz, darauf folgt eine kleine Terz. Die dritte Terz lässt einen Septakkord entstehen. Bei einem Moll-Akkord kommt zunächst der Ganzton, dann der Halbtonschritt und danach die beiden Ganztonschritte. Ein Zusammenklang von einem C, einem F und einem G ist somit kein Akkord, weil er keine Terz enthält. Man kann solch einem Klang kein Tongeschlecht (Dur oder Moll) zuordnen. Entsprechend den Akkorden hat eine Dur-Tonleiter zunächst zwei Ganztonschritte und danach einen Halbton- und einen Ganztonschritt. Bei einer Moll-Tonleiter kommt zunächst ein Ganztonschritt und danach ein Halbtonschritt.

Ein Terzband-Equalizer besteht aus 31 Bändern. Nach jeweils drei Bändern folgt die nächste Oktave. So umspannt er 10 Oktaven.

Intervalle in Halbtonschritten

Prime: c-c	
kleine Sekunde: c-cis (des)	1 Halbtonschritt
große Sekunde: c-d	2 Halbtonschritte
kleine Terz: c-dis (es)	3 Halbtonschritte
große Terz: c-e	4 Halbtonschritte

Quart: c-f   5 Halbtonschritte
Tritonus: c-fis (ges)   6 Halbtonschritte
Quint: c-g   7 Halbtonschritte
kleine Sext: c-gis (as)   8 Halbtonschritte
große Sext: c-a   9 Halbtonschritte
kleine Septime: c-b   10 Halbtonschritte
große Septime: c-h   11 Halbtonschritte
Oktave: c-c   12 Halbtonschritte
None: c-d + Oktave   14 Halbtonschritte
Dezime: c-e + Oktave   15 Halbtonschritte
kleine Dezime: c-es (gis) + Oktave   16 Halbtonschritte
große Undezime: c-f + Oktave   17 Halbtonschritte
Duodezime: c-g + Oktave   19 Halbtonschritte
kleine Tredezime: c-gis (as) + Oktave   20 Halbtonschritte
große Tredezime: c-a + Oktave   21 Halbtonschritte

Frequenzverhältnisse

- Prime: 1:1
- Oktave: 2:1
- Reine Quinte: 3:2
- Reine Quarte: 4:3
- Große Terz: 5:4
- Kleine Terz: 6:5
- Große Sexte: 5:3
- Kleine Sexte: 8:5

Lautstärke

Die Energie des Schalls wird in Luftdruckschwankungen umgesetzt. Den Luftdruck gibt man in Pascal an. Die Einheit Pascal (P) beschreibt, wie viel Kraft auf einen Quadratmeter Fläche ausgeübt wird. Die Einheit für die Kraft ist das Newton (N). Der normale Luftdruck auf Meereshöhe beträgt etwa 100 000 N/m^2 (Pascal).

Der Toningenieur kennt das Dezibel (dB) als Einheit. Das Dezibel ist aber keine Einheit, sondern es beschreibt das logarithmische Verhältnis zweier Größen. Wenn sich ein Toningenieur präzise ausdrückt, verwendet er verschiedene Abkürzungen hinter dem dB. Das dB SPL ist etwa die korrekte Einheit für den Schalldruck. SPL steht für „Sound Pressure Level (Schalldruckpegel). Dieser beschreibt das mathematische Verhältnis eines Schallereignisses zu einem Bezugswert

$$L = 20 \log_{10} \frac{p}{p_0} \text{ (dB)}.$$

Der Bezugswert p_0 ist auf 20 µPa festgelegt. Das entspricht der Hörschwelle des menschlichen Gehörs bei 1.000 Hz.

Eine Verdopplung des Schalldrucks entspricht einer Anhebung um 6 dB SPL. Die Schmerzgrenze liegt individuell zwischen 20 Pa und 60 Pa. Da das menschliche Ohr verschiedene Frequenzen bei gleichbleibendem Luftdruckpegel unterschiedlich laut wahrnimmt, gibt es Einheiten für bewerteten Schalldruckpegel. Am geläufigsten ist das dB(A). Aber auch diese Bewertung funktioniert nur sehr unzureichend, da die Bewertungskurve bei verschiedenen Lautstärken unterschiedlich ausfällt (Näheres dazu im Kapitel Psychoakustik).

Tondauer

Bei der Betrachtung eines einzelnen Tones kann man vier Phasen (idealisiert) unterscheiden. Erstens die Einschwingphase (Attack), zweitens die erste Dämpfungsphase (Decay,) drittens die Haltephase (Sustain) und viertens den Ausklang (Release). Die ADSR-Regelung spielt bei der synthetischen Klangerzeugung eine wichtige Rolle, da Synthesizer meist die Möglichkeit bieten, all diese Phasen separat zu beeinflussen. Diese vier Phasen sind eine wichtiges Merkmal bei der Formung eines Klanges. Die meisten Regelverstärker wie beispielsweise der

Kompressor bieten die Möglichkeit, zumindest drei dieser vier Phasen getrennt voneinander zu beeinflussen.

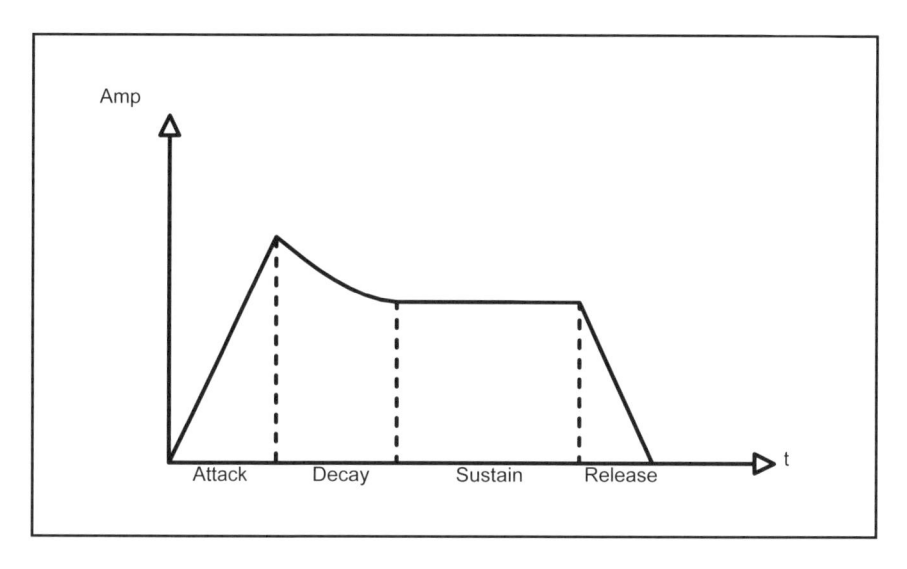

Die ADSR-Hüllkurve umfasst die Bereiche Attack, Decay, Sustain und Release

Der zeitliche Verlauf eines Tones kann in einer Hüllkurve dargestellt werden. Sie beschreibt die Lautstärken in den jeweiligen Phasen. Blasinstrumente und Stimmen erzeugen einen Klang mit einer langen Attack-Zeit. Perkussive Instrumente wie etwa Trommeln erzeugen Klänge mit kurzen Attack-Zeiten. Wenn die ersten Schwingungen eines Klanges sehr abrupt entstehen, nennt man diese Schwingungen Transienten. Transienten fallen je nach Instrument unterschiedlich aus und stellen daher ein wichtiges Unterscheidungsmerkmal dar.

Die Tondauer ist ein musikalisches Merkmal von einzelnen Tönen und Akkorden. In der Notenschrift wird die relative Tondauer durch unterschiedliche Darstellungen gekennzeichnet. Eine ganze Note hat die Tondauer eines ganzen Taktes, eine halbe Note entsprechend die halbe Länge. Um die absolute Tondauer zu bestimmen, ist es notwendig, das Tempo eines Titels zu bestimmen. Es wird in beats per minute (bpm) angegeben. Eine ganze Note hat bei 60 bpm in einem 4/4-Takt eine Länge von vier Sekunden. In einem 3/4-Takt dauert dieselbe Note nur drei Sekunden. Das ist zum Beispiel hilfreich zu wissen, wenn man einen Echoeffekt einsetzen möchte, der einen Bezug zum Tempo des Titels haben soll.

Die festgelegten Notenlängen der einzelnen Noten und die festgelegten Pausen innerhalb eines Musiktitels lassen die rhythmische Struktur einer Melodie entstehen. Dieser rhythmische Aufbau ist für die Gestaltung und Wiedererkennung einer Melodie genau so entscheidend wie die harmonische Struktur.

Der Charakter eines Musiktitels ändert sich entscheidend, wenn das Tempo unterschiedlich gewählt wird. Erst die Einführung des Metronoms um 1820 machte es möglich, dass eine Komposition in einem eindeutig definierten Tempo wiederholt aufgeführt werden konnte. Angaben dazu, wie langsam, ruhig (Adagio), schnell (Allegro) oder sehr schnell (Presto) eine Komposition aufgeführt werden sollte, lieferten nur ungenaue Beschreibungen des Tempos.

Klangfarbe

Im physikalischen Sinn besteht ein Klang aus einem Ton und einer Reihe von Obertönen. Wenn man sich die Schwingung beispielsweise einer klingenden Saite anschaut, erkennt man die Grundtonschwingung und eine ganze Reihe von Teiltonschwingungen. Wenn diese Teiltonschwingungen jeweils ein ganzzahliges Vielfaches des Grundtons sind, spricht man von harmonischen Obertönen. Unharmonische Obertöne werden beispielsweise von Glocken, Röhren oder den Becken eines Schlagzeuges erzeugt. Bei diesen Klängen fällt es schwer, eine eindeutige Tonhöhe zu erkennen.

Nach der harmonischen Analyse des französischen Mathematikers Fourier setzt sich jede komplexe Schwingung aus einer Summe von Sinusschwingungen zusammen. Ein Spektrum-Analyzer kann mit Hilfe der Fast-Fourier-Transformation (FFT) diese Einzelschwingungen optisch darstellen. Bei einer periodischen Schwingung bildet die Teilschwingung mit der niedrigsten Frequenz die Grundschwingung.

Das Lautstärkeverhältnis zwischen dem Grundton und den harmonischen Obertönen bildet für das menschliche Ohr ein Merkmal des Klangs. Die ersten, abrupt entstehenden Schwingungen (Transienten) eines Klangs sind deshalb so maßgeblich für die Wahrnehmung eines Klanges, weil sie den höchsten Anteil an Obertönen enthalten.

Formanten

Formanten sind Obertöne, die durch eine breite Resonanz besonders energiereich sind. Bei Musikinstrumenten werden sie durch die spezifische Form des Klangkörpers erzeugt. Der Klang eines Instruments kann mehrere Formanten enthalten. Die Verteilung der Formanten in dem Frequenzspektrum eines Instruments charakterisiert seinen Klang. Auch der Klang einer menschlichen Stimme wird durch Formanten geprägt. Sie entstehen im Vokaltrakt (Rachen, Mundraum, Nasenhöhlen).

> **Erfahrungen aus der Praxis**
>
> Als Gitarrist fällt mir hier als Beispiel die Saite einer Gitarre ein. Ist die Saite neu, enthält ihre Schwingung sehr viele Obertöne. Reiße ich die Saite hart an, verstärke ich mit den entstehenden Transienten den Anteil der Obertöne zusätzlich. Der Klang wird präsenter und „schärfer". Wird nun im Laufe der Zeit die Saite verschmutzt, verhindern die Ablagerungen auf der Saite das freie Schwingen, und der Anteil der Obertöne reduziert sich.
>
> Greife ich mit einem Finger nur leicht auf einen Schwingungsknoten (Saitenteilungspunkt 1:2 oder 1:3) einer Saite, entsteht ein Flageoletton. Dies ist ein Oberton, der praktisch keinen Grundton besitzt. Gerade bei E-Gitarren wird der Entstehung von zusätzlichen Obertönen mit elektronischen Verzerrern nachgeholfen (siehe Kapitel: Nichtlineare Verzerrung).

Medium

Der Schall breitet sich in der Luft in alle Richtungen gleichermaßen aus. Die Ausbreitung ähnelt dabei einer Wasserwelle in einem See, in den ein Stein geworfen wurde. Man nennt diese Art der Welle Longitudinalwelle, weil die Ausbreitungsrichtung und die Bewegungsrichtung der einzelnen Moleküle dieselbe ist. Die Ausbreitungsgeschwindigkeit in der Luft beträgt 343 m/s (bei 20 Grad Celsius). Schallwellen, die sich in festen Stoffen ausbreiten, sind Transversalwellen, weil die Ausbreitungsrichtung quer zur Bewegungsrichtung der einzelnen Moleküle verläuft. Schallwellen in festen Körpern kennen wir als Körperschall. Ein bekanntes Beispiel dafür ist der Trittschall.

Vier Begriffe dienen dazu, zu beschreiben, welche Phänomene auftreten, wenn Schall auf ein Hindernis trifft: Reflexion, Absorption, Schallbeugung und Schallbrechung.

Reflexion

Der Schall wird reflektiert, wenn er auf eine Wand mit einer harten, ebenen Oberfläche trifft. Die Wand ist in diesem Falle wie eine neue Klangquelle zu betrachten. Wie bei einem Spiegel entspricht der Einfallswinkel dem Ausfallswinkel, wenn die reflektierende Wand eine sehr harte, ebene Oberfläche aufweist. Oftmals wird der Schall zwischen zwei gegenüberliegenden Wänden hin und her geworfen. Dabei kommt es zu stehenden Wellen, die sich bei tiefen Tönen als Dröhnen bemerkbar machen. Die stehende Welle hat so lange Bestand, bis ihre Energie in Reibungswärme entweder an den Molekülen der Luft oder an der Oberfläche der Wand verpufft ist. Ähnliches kann auch zwischen Fußboden und Decke geschehen.

Absorption

Der Schall wird absorbiert, wenn er auf eine weiche, poröse Oberfläche wie beispielsweise einen Vorhang trifft. Die Energie, die der Schall mit sich führt, wird in Wärme umgesetzt und damit praktisch „verschluckt".

Schallbrechung

Der Schall wird gebrochen, wenn er von einem Medium in ein anderes übergeht. Auch bei einer reflektierenden Wand gelangt ein Anteil des Schalls in das Innere der Wand. Da in einem festen Stoff die Schallgeschwindigkeit eine andere ist, erfährt der Schall eine Richtungsänderung.

Schallbeugung (Diffraktion)

Der Schall wird gebeugt, wenn er auf ein relativ kleines Hindernis stößt. Dabei spielt das Verhältnis zwischen der Tonhöhe und der Größe des Hindernisses eine entscheidende Rolle. Für hohe Frequenzen wird es hinter dem Hindernis einen Schallschatten geben. Tiefe Frequenzen werden das Hindernis ungehindert passieren (Beispiel: 6,8 Meter Wellenlänge bei 50 Hz).

Man kann die Effekte der Beugung gut beobachten, wenn man einen Musiktitel, eine Stimme oder ein Geräusch in einem benachbarten Raum bei geöffneter Tür hört. Tiefe Töne breiten sich ungehindert in alle Richtungen aus, hohe Frequenzen werden von den Wänden und anderen Objekten reflektiert und verursachen ein diffuses Klangbild.

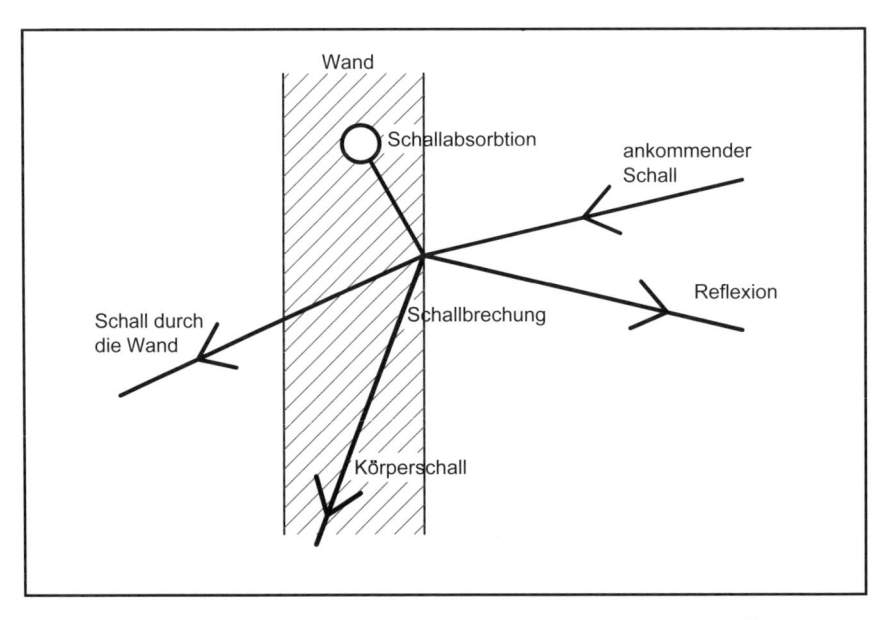

Reflexion, Absorption und Schallbrechung an einer Wand))

In der Realität erfährt der Schall, wenn er auf ein Hindernis trifft, eine Mischung aus verschiedenen Reaktionen. Auch bei einer reflektierenden Wand wird ein Teil des Schalls absorbiert und ein weiterer Teil setzt sich in der Wand fort. (Ich werde beim Thema Raumakustik nochmals darauf eingehen.)

Empfänger: Das menschliche Ohr und das Mikrofon

Empfänger für Schallwellen sind zum Beispiel Mikrofone, aber auch das menschliche Ohr. Ein einzelnes Mikrofon nimmt alle hörbaren Frequenzen mit annähernd gleicher Lautstärke auf. Das ist bei unseren Ohren anders. Ein einzelnes Mikrofon kann im Gegensatz zu einem Menschen nicht unterscheiden, ob ein Schallsignal von oben oder von unten kommt.

Die Art und Weise, wie das menschliche Ohr Schallereignisse wahrnimmt und im Gehirn verarbeitet, weicht erheblich von den rein physikalischen Gegebenheiten eines Schallsignals ab. Die Psychoakustik beschäftigt sich mit der menschlichen Wahrnehmung von Schallereignissen.

3. Psychoakustik

Die Art und Weise, wie das menschliche Ohr Schallereignisse wahrnimmt und im Gehirn verarbeitet, weicht teilweise erheblich von den rein physikalischen Gegebenheiten eines Schallsignals ab. Die Psychoakustik beschäftigt sich mit der menschlichen Wahrnehmung von Schallereignissen – und so mit besagtem Missverhältnis zwischen menschlichem Empfinden und physikalischer Beschreibung.

Hauptanliegen der Naturwissenschaften ist es, Gesetze zu erstellen, mit denen es möglich ist, Naturereignisse vorherzusagen. Mit Hilfe von physikalischen Gesetzen und mathematischen Formeln ist es beispielsweise möglich, Bewegungen von Planeten vorauszusagen. Die Chemie sucht dagegen zum Beispiel Gesetze, um chemische Reaktionen vorhersagen zu können.

Um Ereignisse zu quantifizieren, benutzt man Messgeräte wie einen Zollstock, eine Waage oder ein Thermometer und so weiter. Einem Menschen ist es dagegen nicht möglich, mit seinen Sinnesorganen etwa die exakte Außentemperatur festzustellen. Und niemand kann eine Beleuchtungsstärke allein anhand seiner Sinne exakt in Lux angeben. Auch wird kein Mensch in der Lage sein, mit Bestimmtheit zu sagen, wann ein Ton genau doppelt so laut ist wie ein vorheriger Ton.

Kurz: Jeder Mensch sieht, hört, schmeckt, fühlt und denkt auf seine persönliche Weise und kommt damit zu höchst individuellen Ergebnissen bei der Empfindung und Interpretation eines Reizes – ganz anders als dies bei der Verwendung von Messgeräten der Fall ist. Um Gesetzmäßigkeiten auszuarbeiten, ist es daher unerlässlich, viele Menschen nach ihren persönlichen Erfahrungen zu befragen. Aus der Menge der gesammelten Informationen lassen sich Wahrscheinlichkeiten erkennen.

Selbst die sehr alte klassische Frage der Psychoakustik „Wie viel Schalldruckpegel-Erhöhung ist notwendig, um die doppelte Lautheit zu erzeugen (6 dB SPL oder 10 dB SPL)?" ist nicht eindeutig geklärt.

Ein wichtiger Begriff, mit dem es die Psychoakustik zu tun hat, ist zum Beispiel der des Hörbereichs. Hiermit bezeichnet man jenen Bereich, in dem der Mensch Schallereignisse als Höreindruck wahrnimmt. Das wahrnehmbare Frequenzspektrum reicht von circa 20 bis 20000 Hz. Die Fähigkeit, hohe Töne zu hören, nimmt mit zunehmendem Alter ab. Ab dem sechzigsten Lebensjahr steigt die Hörschwelle um circa 20 dB bei 10 kHz. Das ist nur ein Richtwert, individuell verhält es sich sehr unterschiedlich. Der Hörbereich ist bei leisen Schallereignissen von der Hörschwelle und bei lauten Schallereignissen von der Schmerzgrenze eingefasst.

Begriffe wie „Trommelfell", „Hammer", „Amboss", „Steigbügel", „Ohrmuschel", „Außenohr", „Mittelohr" und „Innenohr" hat sicherlich jeder schon einmal gehört. All diese kleinen Bestandteile des Ohres sind dazu da, Schallsignale aufzunehmen, weiterzuleiten und das Ohr bei Überlastung vor Schaden zu bewahren. Ursprünglich diente das Hörorgan vornehmlich zur Kommunikation mit anderen Menschen und dazu, Schallsignale aufnehmen, um vor Gefahren zu warnen. Daher ist das Ohr bei den Frequenzen der menschlichen Stimme am empfindlichsten und kann, anders als etwa die Augen, nicht geschlossen werden.

Die Schallwellen werden vom Trommelfell empfangen und in mechanische Bewegungen umgesetzt. Diese Bewegungen werden im Mittelohr von drei kleinen Knöcheln (Hammer, Amboss und Steigbügel) an das ovale Fenster im Innenohr weitergeleitet. Im Innenohr wird der sich ändernde Schalldruck von der Basilarmembran aufgenommen. Je nach Frequenz des Schallsignals wird eine andere Stelle dieser Membran in Schwingung versetzt. Auf der Basilarmembran befinden sich Haarzellen. Sie nehmen die Schwingungen auf, wandeln sie in elektrische Impulse und geben diese als Information an das Gehirn weiter. Soweit eine sehr kurze Zusammenfassung der Funktion des Ohres.

In dem Kapitel „Grundlagen" wurden einige der Hauptthemen der Akustik besprochen. Dabei sind die physikalischen Begriffe Lautstärke, Tonhöhe und Klangfarbe erläutert worden. Mit einem Phon-Meter kann man Schalldruckpegel messen, mit einem Frequenzzähler kann man eine Tonhöhe bestimmen und mit einem Spektrum-Analyzer ist es möglich, die Obertöne eines Klangs, also die Klangfarbe, darzustellen. Im Folgenden soll beschrieben werden, wie das menschliche Ohr dieselben akustischen Merkmale Tonhöhe, Lautstärke und Klangfarbe aufnimmt und wie das Gehirn sie interpretiert.

Lautstärke

Der Dynamikumfang des menschlichen Hörens ist sehr groß. Er wird, wie schon erwähnt, von der Hörschwelle einerseits und der Schmerzgrenze andererseits begrenzt. Das Ohr ist in der Lage, einen Schalldruck von 20×10^{-6} Pascal wahrzunehmen. Solch einen kleinen Schalldruck erzeugt beispielsweise der Flügelschlag eines Schmetterlings. Wenn der Mensch fähig wäre, noch leisere Schallsignale aufzunehmen, dann könnte er den eigenen Herzschlag hören.

Gehörschäden können ab einem Schalldruck von etwa 20 bis 100 Pascal auftreten. Ein Düsenjet erzeugt auf 100 Meter Entfernung solch einen Schalldruck.

Die Dynamik des Hörbereichs entspricht etwa dem Gewichtsverhältnis von einer Maus zu fünf Elefanten (A. Stickel: „Faszination Gehör"). Der Mensch ist nicht in der Lage, einem akustischen Reiz eine eindeutige Lautstärke zuzuordnen. Er kann allerdings das Verhältnis zweier unterschiedlicher Reize bestimmen. So ist es ihm möglich, festzustellen, ob ein Ton lauter oder leiser ist als ein vorher erklungener Ton.

Das Dezibel (SPL) ist die Einheit für den Schalldruckpegel. Es beschreibt einen akustischen Reiz im Verhältnis zum kleinsten wahrnehmbaren Schallsignal (bei 1.000 Hz). Der Schalldruck beträgt dabei 20×10^{-6}. Der doppelte Schalldruck entspricht einem Anstieg von 6 dB (SPL). Dabei handelt es sich jedoch um einen rein technischen Wert. Die Einheit für die subjektive Lautstärke-Empfindung nennt man Lautheit. Die Einheit dafür ist das Sone. Ein Sone ist definiert als Lautstärke-Empfinden bei einem Lautstärkepegel von 40 Phon bei 1.000 Hz. Eine Zunahme von 10 Phon entspricht einer Verdopplung des Son. Ein Lautstärkepegel von 40 Phon entspricht einem Schalldruckpegel von 40 dB bei 1.000 Hz.

Die Einheit dB(A) ist gebräuchlich als eine Maßeinheit für den Schalldruck, welche die Eigenheiten des menschlichen Ohres berücksichtigt. Sie beschreibt Frequenz-bewertete Schalldrücke bei ca. 20 – 40 Phon. Die Einheiten dB(B), dB(C) und dB(D) beziehen sich auf einen jeweils um 30 Phon weiterführend höheren Schalldruck.

Die Wahrnehmung der Lautheit eines akustischen Reizes ist neben dem Schalldruckpegel noch von der Frequenz und der Dauer des Reizes abhängig. Ein sehr kurzer Ton von maximal 15 Millisekunden wird nicht als Ton, sondern nur als Klicken wahrgenommen. Die unterschiedliche Wahrnehmung von verschiedenen Frequenzen bei konstantem Schalldruck ist eine der markantesten Eigenheiten des menschlichen Hörens. Daher wird sich das nächste Kapitel mit diesem Phänomen beschäftigen.

Tonhöhe

Eine akustische Schwingung, die sich periodisch wiederholt, wird als Klang definiert, da man ihr eine eindeutig definierbare Tonhöhe zuordnen kann. Ein Mensch, der in der Lage ist, dem Quietschen eines Autoreifens die korrekte Tonhöhe zuzuordnen, besitzt ein absolutes Gehör. Nur den wenigsten Menschen ist es möglich, einer Schwingung eine absolute Tonhöhe zuzuweisen, wenn er keine Referenzschwingung als Bezug zu Hilfe nehmen kann.

Die meisten Menschen können allerdings die Tonhöhe einer Schwingung im Vergleich mit einer zweiten Schwingung unterscheiden. Sie sind in der Lage, zu bestimmen, ob der zweite Ton höher oder tiefer klingt als der erste Ton. Das geschulte Ohr eines Musikers kann darüber hinaus diatonische Intervalle identifizieren. Eine Verdopplung der Frequenz ist sicherlich am einfachsten erkennbar. Dieses Intervall kennt man als die Oktave.

Das menschliche Ohr kann weitaus kleinere Tonhöhenunterschiede als eine kleine Sekunde (Halbtonschritt) unterscheiden. Bei einer Frequenz von 2.000 Hz ist es möglich, einen Tonhöhenunterschied von circa 10 Hz (0,5 Prozent) wahrzunehmen. Bei tieferen Frequenzen nimmt die Empfindlichkeit ab. Bei einer Frequenz von 100 Hz sind Tonunterschiede von etwa 3 Prozent wahrnehmbar. Die Fähigkeit zur Unterscheidung hängt auch von der Dauer der Töne ab, die unterschieden werden sollen.

Kurven gleicher Lautstärke (Isophone)

Das menschliche Ohr ist bei gleichbleibendem Schalldruckpegel für das hörbare Frequenzspektrum zwischen 20 und 20.000 Hz sehr unterschiedlich sensibel. Am empfindlichsten ist es für den Präsenzbereich von 2.000 – 4.000 Hz. Das ist genau der Frequenzbereich, in dem sich die menschliche Stimme befindet. Um beispielsweise einen Ton von 100 Hz in der gleichen Lautstärke zu hören, wie eine Stimme in einer gewöhnlichen Unterhaltung sind etwa 10 dB mehr Schalldruckpegel notwendig. Bei zunehmender Lautstärke ändert sich dieser Wahrnehmungsfilter: Die Empfindlichkeit für tiefe und hohe Töne nimmt mit steigender Lautstärke zu. Berühmt sind die psychoakustischen Kurven gleicher Lautstärke (Isophone).

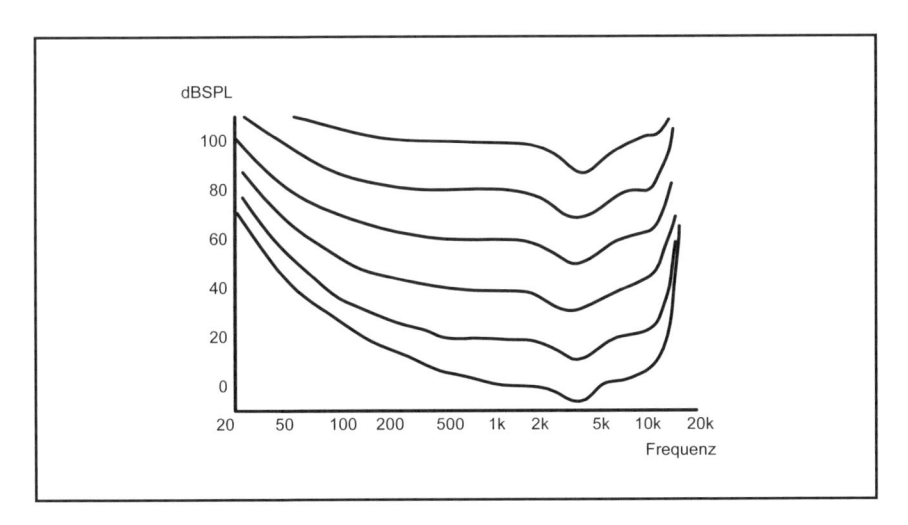

Fletcher und Munson stellten 1933 erstmals Kurven gleicher Lautstärke in einem Diagramm wie diesem dar.

Erfahrungen aus der Praxis

In meiner Arbeit ist das psychoakustische Merkmal der Isophone die markanteste Eigenschaft des menschlichen Hörens. Da wir besonders die tiefen Töne bei steigender Lautstärke besser wahrnehmen, hören die meisten von uns Musik lieber etwas lauter als zu leise. Gerade die Subbässe zwischen 50 und 100 Hz hören wir nicht nur, sondern sie versetzen unseren ganzen Körper „in Schwingung".

Wenn man also in einer Mastering-Session die Abhörlautstärke sehr gering wählt, sollte einem klar sein, dass man nicht in der Lage sein wird, die vorhandenen Tieffrequenzen richtig zu beurteilen. Allerdings ist die eigene Urteilskraft bei sehr hoher Lautstärke auch nicht ideal, weil alles „fett und toll klingt". Da in einem Mastering-Studio das Monitorsystem möglichst neutral alle Frequenzen gleich laut wiedergeben sollte, ist das Wissen um dieses Phänomen fundamental.

Hi-Fi-Anlagen sind hingegen oftmals darauf ausgerichtet, dieser Tatsache entgegenzuwirken, indem sie gerade bei kleinen Lautstärken einen vollen Sound generieren. Der Loudness-Knopf aktiviert einen Filter, der bei kleiner Abhörlautstärke Bässe und Höhen überproportional verstärkt. Problematisch werden diese Anlagen, wenn sie für eine Party richtig aufgedreht werden. Dann kann es passieren, dass die Bässe wummern und dröhnen und die Höhen unangenehm klingen. Nach meiner Erfahrung sollte diese Eigenart des menschlichen Hörens in der Arbeit immer präsent sein. Ich unterscheide zum Beispiel, ob ein Titel für das Radio oder den Club gedacht ist.

Ich habe mir eine Referenz-Lautstärke eingerichtet. Sie liegt mit etwa 85 dB SPL etwas oberhalb der Zimmerlautstärke. Diese Lautstärke ist gering genug, um sie über einen langen Zeitraum hinweg ermüdungsfrei abhören zu können, und laut genug, um einen aussagekräftigen Bass wahrzunehmen.

> Mastere ich einen Techno-Track, ist es unerlässlich, zumindest für einen kurzen Zeitraum richtig laut zu hören, um die Wirkung des Subbasses zu prüfen. Master ich hingegen einen Popsong, der radiokompatibel sein soll, höre ich ihn auch bei minimaler Lautstärke über meine 20-Euro-Computerboxen. Zur Absicherung habe ich einen Spektrum-Analyzer im Blick. In dem Frequenzbereich zwischen 20 und 150 Hz ist das „Mäusekino" am aussagekräftigsten. Erkenne ich einen hohen Peak bei 60 Hz, ist es ratsam, die Abhörlautstärke zu erhöhen, um eventuelle Probleme auch hören zu können. Gerade synthetisch erzeugte Bässe und Bassdrums können sehr tiefe Frequenzen bis 20 Hz erzeugen.

Lokalisation von Schallquellen

Da die Fähigkeit des Menschen, Schallquellen zu orten, auf der Tatsache beruht, dass er zwei Ohren hat, spricht man von binauralen Hörmechanismen. Für die Ortung von Schallquellen nutzt das menschliche Ohr eine ganze Reihe von Informationen. Für die Links-rechts-Ortung verarbeitet das menschliche Gehirn den Laufzeitunterschied, da der Schall das eine Ohr etwas früher erreicht als das andere. Bei einem durchschnittlichen Abstand von 15 cm von einem Ohr zum anderen entsteht ein Laufzeitunterschied von 0,6 Millisekunden. Bei tieferen Frequenzen ab circa 800 Hz werden entstehende Phasenunterschiede bei seitlich einfallendem Schall als Information ausgewertet.

Zusätzlich nimmt das Ohr Pegelunterschiede wahr, die durch die Beschaffenheit der Ohrmuschel entstehen. Außerdem treten kleine Unterschiede in den hohen Frequenzen auf, da diese vom Kopf teilweise abgeschottet werden.

Unterhalb von 100 Hz sind all diese kleinen Unterschiede nicht mehr wahrnehmbar. Bei einer Wellenlänge von mehr als drei Metern kann der Phasenunterschied von 15 Zentimeter nicht mehr festgestellt werden. Das menschliche Ohr ist zumindest theoretisch nicht in der Lage, tiefe Frequenzen zu orten. Allerdings verhält es sich meist so, dass das Gehirn eine Reihe weiterer Informationen zur Ortung des Schalls nutzt. So werden etwa optische Informationen oder vergleichbare Erfahrungen aus der Vergangenheit mit verarbeitet.

Bei der Lokalisation von Schallquellen, die sich oben, unten, hinter oder vor dem Zuhörer befinden, geben kleine Reflexionen im Inneren der Ohrmuschel wichtige Hinweise. Je nach Position entstehen in der Ohrmuschel unterschiedliche Resonanzen. Auch spielen die Erfahrung und optische Reize eine Rolle. Da die Ohrmuschel bei jedem Menschen etwas unterschiedlich geformt ist, muss ein junger Mensch erst lernen, Unterschiede durch Schalleinfall von hinten, vorn, oben oder unten zu unterscheiden.

Erfahrungen aus der Praxis

Bei dem Thema Ortung von tieffrequenten Signalen stoßen wir auf die ewige Frage nach der Position der Subwoofer eines Stereosystems. Der Theorie folgend ist es gleichgültig, wo sich der Subwoofer im Raum befindet. Ich habe meinen Subwoofer an verschiedenen Positionen aufgestellt und ihn um seine eigene Achse gedreht. Zeitweise glaubte ich Phasenauslöschungen zu hören, die mich leicht kirre machten.

Zusätzlich habe ich mit verschiedenen Einstellungen am Subwoofer experimentiert. Mit einem Schalter kann man dort Phasenverschiebungen von 90 Grad und 180 Grad wählen.

> Außerdem war die Lautstärke des Subwoofers im Verhältnis zu den Stereo-Boxen festzulegen. Eine Kombination von richtiger Platzierung des Subwoofers und einer Phaseneinstellung von 0 Grad hat die Auslöschungen zumindest an meiner gewohnten Abhörposition beseitigt. Zusätzlich habe ich den Subwoofer auf eine schwere Granitplatte gestellt, um zu vermeiden, dass der Fußboden mitschwingt. Zur Klärung der Lautstärke des Subwoofers höre ich einige Referenztitel, die ich sehr gut kenne.

Für die Ortung von nah und fern nutzt das Gehirn mehrere Informationen. Zunächst einmal klingt ein Donnerschlag aus einer Entfernung von mehreren Kilometern leiser als der Donner aus der unmittelbaren Nähe. Der Schalldruckpegel nimmt bei Überwindung größerer Entfernungen erheblich ab. Zusätzlich verlieren hohe Frequenzen auf langen Wegstrecken sehr viel mehr Energie als tiefe Frequenzen. Der Klang kommt aus der Ferne dumpfer.

Trifft die Schallwelle auf dem Weg zum Hörer auf ein Hindernis, so wird sie zumindest teilweise vom Hindernis reflektiert. Da der Schall relativ langsam ist, entsteht ein wahrnehmbarer Laufzeitunterschied zwischen dem Anteil des Signals, der den direkten Weg von der Schallquelle bis zum Hörer findet, und dem reflektierten Signal. Diesen Laufzeitunterschied registriert das Gehirn, um den Abstand zur Schallquelle bestimmen zu können. Bei einem Donnerschlag werden die Schallwellen unter anderem von verschiedenen Luftschichten in der Luft, vom Erdboden und von Hindernissen wie beispielsweise Gebäuden reflektiert. Das Ohr registriert und bewertet also den dumpfen Klang, die geringe Lautstärke und den Laufzeitunterschied zwischen Direktschall und Reflexionen, um die Entfernung zu einer Schallquelle einzuschätzen.

Gesetz der ersten Wellenfront (Haas-Effekt)

Das Gesetz der ersten Wellenfront besagt, dass eine Schallquelle aus der Richtung wahrgenommen wird, aus der die erste Schallwelle mit dem Direktschall auf das Ohr trifft. Selbst wenn die ersten Reflexionen aus einer anderen Richtung nur wenige Millisekunden (3–30 ms) später hörbar sind, ist die Ortbarkeit eindeutig. Herr Haas hat auch festgestellt, dass dieses Gesetz sogar funktioniert, wenn die Reflexion bis zu 10 dB lauter ist als der Direktschall. Kommt eine Reflexion mit einer Verzögerung von mehr als 50 Millisekunden, nimmt das Ohr dies als ein Echo wahr.

Schwebung und binaurale Beats

Zwei Einzeltöne, die einen nur geringen Abstand der Tonhöhe zueinander haben, erzeugen im Gehirn scheinbar einen dritten Ton (Schwebung). Der Mensch hört nicht die beide Einzeltöne, sondern nur einen Ton, der in seiner Lautstärke schwankt. Dieser Ton hat die mittlere Frequenz zwischen den beiden Originaltönen. Die Lautstärke dieses Tons schwankt mit der Differenzfrequenz beider Originaltöne. Die Modulation der Hüllkurve, also die Schwankung der Lautstärke, wird scheinbar langsamer, wenn sich die Frequenzen beider Einzeltöne annähern. Beträgt der Abstand beider Frequenzen mehr als 30 Hz, verschwindet dieser Effekt und man nimmt zwei separate Einzeltöne wahr. Heinrich Wilhelm Dove hat dieses Phänomen entdeckt und es „Binaurale Beats" genannt, weil die Lautstärke der Differenzfrequenz in einem gleichförmigen Rhythmus moduliert.

> **Erfahrungen aus der Praxis**
>
> Das Phänomen „binaurale Beats" hilft mir täglich beim Stimmen einer Gitarre. Dort soll eine leer klingende Saite durch Stimmen denselben Ton erhalten wie der Ton, der erklingt, wenn man den fünften Bund der nächsttieferen Saite greift. Sehr deutlich kann ich diese Schwebung wahrnehmen. Sie verändert sich hörbar beim Stimmen der Gitarre. Je langsamer die Schwebung wird, desto näher kommen sich die Frequenzen beider Töne. Kann ich überhaupt keine Schwebung mehr wahrnehmen, sind die Frequenzen beider Töne identisch.

Masking-Effekt

Der Begriff „Maskieren" ist in der Psychoakustik gleichzusetzen mit „Verdecken". Ein Ton wird von einem anderen Ton oder Geräusch verdeckt. Man unterscheidet spektrale Verdeckung von zeitlicher Verdeckung. Bei der spektralen Verdeckung wird ein leiser Ton von einem lauten Ton verdeckt (maskiert). Beide Töne oder Geräusche treten dabei gleichzeitig auf. Dieser Effekt hängt von zwei Faktoren ab. Zunächst einmal ist der Pegelunterschied zwischen den beiden Tönen relevant. Je größer die Pegeldifferenz ist, desto klarer tritt dieser Effekt in Erscheinung. Wenn ich ein Flugzeug in unmittelbarer Nähe starten höre, werde ich das gleichzeitige Zwitschern eines Vogels nicht wahrnehmen können.

Ein zweiter Faktor ist der Frequenzunterschied zwischen dem lauten und dem leisen Schallereignis. Da die menschliche Wahrnehmung für verschiedene Frequenzen des gesamten Hörspektrums unterschiedlich empfindlich ist, erscheint es nur logisch, dass auch der Masking-Effekt frequenzabhängig ist.

Zeitliche Verdeckung

Ein leises Schallsignal kann von einem folgenden lauten Signal verdeckt werden, wenn das laute Signal nicht später als 50 Millisekunden danach erscheint. Die Basilarmembran ist offensichtlich etwas träge, bevor sie in Schwingung gerät. Wenn ein lautes Schallsignal aufgenommen wird, bevor der Einschwingvorgang beendet ist, nimmt das Gehirn das leise Schallsignal nicht wahr. Ähnlich passiert das bei der Nachverdeckung. Erscheint ein leises Schallsignal nach einem lauten, wird es nicht registriert, weil die Basilarmembran nachschwingt. Das menschliche Ohr ist für etwa 100 Millisekunden nach einem lauten Schallsignal nahezu taub.

Datenreduktion

Das Phänomen Verdeckung spielt bei der Datenreduktion von Audiosignalen eine entscheidende Rolle. Die MP3-Codierung nutzt den Masking-Effekt. Da das menschliche Ohr leise Töne unterhalb von lauten Tönen nicht wahrnimmt, werden diese leisen Töne sozusagen herausgerechnet. Übrig bleibt nur etwa ein Zehntel des Originalsignals.

Cocktail-Party-Effekt

Der Cocktail-Party-Effekt beschreibt die menschliche Fähigkeit, akustische Signale, vorzugsweise Stimmen, aus einem Gemisch von Geräuschen herauszufiltern. Stimmengewirr, Geräusche, klapperndes Geschirr und Hintergrundmusik sind oftmals der akustische „Cocktail" einer Party. Es ist uns möglich, all diese Geräusche auszublenden, um der Stimme einer einzelnen Person zu folgen. Anzunehmen ist, dass diese Fähigkeit nicht ausschließlich eine Sache der Konzentration ist, sondern dass hierbei das Gesetz der ersten Wellenfront (Haas-Effekt) hilft.

Residualton

Das menschliche Ohr besitzt die Eigenart, Töne zu hören, die eigentlich nicht vorhanden sind. Bei einer periodischen Schwingung, die einen nur sehr schwachen oder überhaupt keinen Grundton enthält, bildet sich das Gehör den Grundton ein. Bei der Wiedergabe von Musik über sehr kleine Lautsprecher erscheint der Klang dadurch oftmals voluminöser, als er eigentlich ist. Dieses Phänomen wird beim Orgelbau schon sehr lange verwendet, um Register einzusparen.

Die „Laune der Musik"

Die Wahrnehmung von Musik ist nicht nur von den psychoakustischen Gegebenheiten des menschlichen Hörens geprägt, sondern sie ist darüber hinaus höchst individuell. Nicht nur Geschmack, persönliche Vorlieben und Hörgewohnheiten sind sehr unterschiedlich, sondern der Mensch nimmt ein und dieselbe Musik am selben Ort zu einer anderen Zeit völlig unterschiedlich wahr.

4. Raumakustik und Schallisolation

Die Raumakustik beschäftigt sich mit den akustischen Bedingungen innerhalb eines Raumes. Die Schallisolation hingegen beschreibt die Bemühungen, einen Raum möglichst effektiv akustisch von der Außenwelt zu trennen. Die optimale Position für Lautsprecherboxen und die Raumakustik des gesamten Raumes, in dem das Monitorsystem aufgestellt ist, sind genauso wichtig wie die Qualität der Monitorboxen an sich. Nur wenn alle Komponenten stimmen, ist es möglich, richtig zu beurteilen, was man hört.

Schallisolation

Schallisolation ist für ein Tonstudio notwendig, um es akustisch von der Außenwelt abzukoppeln. Einerseits soll möglichst wenig Schall nach außen dringen, um die Umwelt (Nachbarn) zu schonen, andererseits sollte nach Möglichkeit kein Schall von außen in das Tonstudio eindringen, um ungestört arbeiten zu können. Das ist vor allem bei Tonstudios, die akustische Aufnahmen durchführen, unerlässlich.

Schallisolation hat mit der Akustik im Inneren eines Tonstudios nur wenig zu tun. Maßnahmen, die zur Verbesserung der Raumakustik dienen, sind bei weitem nicht ausreichend, um eine Isolation nach außen zu gewährleisten.

Schall breitet sich grundsätzlich in alle Richtungen gleichermaßen aus. Trifft er auf eine Wand, wird ein Teil des Schalls reflektiert und ein Teil dringt in die Wand ein. Die Raumakustik beschäftigt sich hauptsächlich mit dem Anteil des Schalls, der reflektiert wird; bei der Schallisolation geht es um den Verbleib der Schallenergie, die in die Wand eindringt. Ein Teil dieser Energie wird in der Wand durch die Bewegung der Moleküle in Wärme umgesetzt. Ein anderer Teil pflanzt sich als Körperschall innerhalb der Wand fort. Dieser Körperschall verlässt die Wand an einer beliebigen Stelle wieder und wird dort zum eigentlichen Problem der Schallisolation.

Die Eigenschaft einer Wand, nur einen Teil der Schallenergie wieder abzugeben, bezeichnet man mit dem Wort Schalldämmung. Das Schallisolationsmaß einer Wand ist von der spezifischen Masse der Wand abhängig. Für die Isolation sehr tiefer Frequenzen müsste eine schalldämpfende Wand allerdings eine Dimension annehmen, die kaum realisierbar ist. Daher wird zur optimalen Schallisolation eine Raum-im-Raum-Konstruktion notwendig. Dabei spielt der Zwischenraum zwischen den beiden Wänden eine große Rolle. Idealerweise entkoppelt man die Fußböden, Wände und Decken voneinander, um zu vermeiden, dass sich der Körperschall durch das Mauerwerk weiter fortbewegt. Schwachstellen sind meist Türen und Fenster, die doppelt ausgeführt sein müssen (Schallschleuse) und Lüftungsanlagen, durch die der Schall auch nach außen dringen kann. Der Aufbau einer Raum-im-Raum-Konstruktion ist deshalb aufwendig und kostenintensiv.

Reflexionen

Maßgeblich für die Akustik innerhalb eines Raumes sind Reflexionen. Ein Schallereignis, das von einem Lautsprecher ausgestrahlt wird, gelangt nur teilweise auf direktem Wege zum Zuhörer. Diesen Anteil des Schallsignals nennt man Direktschall. Da der Schall sich in alle Richtungen gleichermaßen ausbreitet, gelangt er in jedem Fall auch zu der gegenüberliegenden Wand und wird von dieser Wand wieder in den Raum zurückreflektiert. Der reflektierte Schall gelangt dabei mit einer kleinen Verzögerung zum Hörer.

Befindet sich die gegenüberliegende Wand beispielsweise 4 Meter von der Lautsprecherbox entfernt, benötigt der Schall etwa 11 Millisekunden zur Wand und 8 Millisekunden zurück zum Hörer, wenn dieser sich ungefähr einen Meter vor der Box befindet. Die Person hört nun das direkte Schallsignal und gleichzeitig dazu das reflektierte, verzögerte Signal. Zusätzlich nimmt er weitere Reflexionen von den Seitenwänden, der Decke und dem Fußboden wahr. Wenn man sich vorstellt, die Monitorboxen befänden sich in einem gekachelten Badezimmer, dann kann man erahnen, wie entscheidend Reflexionen die Raumakustik eines Abhörraums prägen.

Zwei Faktoren spielen bei der Wahrnehmung von Reflexionen in geschlossenen Räumen eine Rolle. Der eine Faktor ist der Laufzeitunterschied zwischen dem Direktschall und den Reflexionen. Diese Laufzeit ist abhängig von den Abständen der Wände zu den Boxen und zum Zuhörer.

Der andere Faktor ist das Lautstärkeverhältnis zwischen dem Direktschall und den Reflexionen. Hallradius wird der Ort genannt, an dem der Direktschall und die Reflexionen gleich laut sind.

Ein Konzertbesucher sollte sich unbedingt an einen Platz begeben, der sich innerhalb des Hallradius befindet. Hat er sich eine Karte für die erste Reihe geleistet, wird er sein Konzert genießen können, da die Reflexionen zwar stark verzögert an sein Ohr gelangen, der Direktschall jedoch erheblich lauter sein und damit die Reflexionen problemlos überdecken wird. Befindet sich sein Platz jedoch in der letzten Reihe, so wird sich dieser Platz wahrscheinlich außerhalb des Hallradius befinden. Die Reflexionen von der hinter ihm liegenden Wand werden lauter an das Ohr des Zuhörers gelangen als der direkte Schall von der Bühne. Er wird ein „chaotisches" Klangereignis zu ertragen haben.

Sowohl Konzertsäle als auch Tonstudios sind bemüht, die Reflexionen gering zu halten, um dem Zuhörer ein möglichst ungetrübtes Klangerlebnis zu ermöglichen. Man kann sich eine reflektierende Wand wie einen Spiegel vorstellen, der den Schall in den Raum zurückwirft. Wie stark beziehungsweise laut die Reflexion sein wird, hängt von der Beschaffenheit der Wand und vor allem von der Art der Oberfläche der Wand ab. Je glatter die Oberfläche ist, desto lauter wird die Reflexion ausfallen.

Stehende Wellen

Ein großes Problem stellen im Tonstudio die sogenannten stehenden Wellen dar. Dabei handelt es sich um Reflexionen, die von sich gegenüberliegenden Wänden zurückreflektiert werden. Wenn diese Reflexionen auf ihrem Weg nur wenig Energie verlieren, tanzen sie zwischen den Wänden hin und her. Ähnliches geschieht oftmals auch zwischen dem Fußboden und der Decke. Diese stehenden Wellen erzeugen an manchen Positionen eines Raumes eine starke Überbetonung einzelner Frequenzen, an anderen Positionen wird man dieselbe Frequenz kaum wahrnehmen können. „Raummoden" nennt man die stehenden Wellen eines Raumes. Sie sind vor allem bei tiefen Frequenzen störend.

Wenn man sich vorstellt, dass 100 Hz einer Wellenlänge von etwa 3,4 Metern entsprechen, wird deutlich, dass zwischen dem Wellenberg und dem Wellental einer stehenden Welle 1,70 Meter Abstand (halbe Wellenlänge) bestehen. Solche Raummoden trüben auch beim Einsatz des teuersten Monitorsystems die Urteilskraft des Hörers. Daher haben hochwertige Tonstudios einen Innenausbau mit beispielsweise fünf Wänden. Wenn sich keine Wände gegenüberstehen, können auch keine stehenden Wellen entstehen (außer zwischen Fußboden und Decke).

Schallabsorption

Schallabsorption nennt man die Verminderung von Schallenergie (meist durch Umwandlung in Wärme). Ein Teppich an der Wand beispielsweise behindert die eindringenden Luftteilchen am Schwingen. Die Luftmoleküle reiben sich an den Fasern des Teppichs und setzen dabei ihre Energie in Wärme um. Damit ist die Schallenergie absorbiert. Schallabsorber sind je nach Beschaffenheit für die verschiedenen Frequenzen des Klangspektrums unterschiedlich effektiv. Gerade für die unangenehmen tiefen Resonanzen zwischen 50 und 200 Hz sind Materialien spezifischer Dichte notwendig. Daher gibt es unterschiedliche akustische Schallabsorber für tiefe, mittlere und hohe Frequenzen. Sie sind von unterschiedlicher Materialdichte und unterschiedlich dick. Auch Möbelstücke wie Sofas und Vorhänge können Reflexionen vermindern. Allerdings funktionieren sie nur für mittlere und hohe Frequenzen. Das Vermeiden von tieffrequenten Resonanzen ist sehr viel aufwendiger.

Resonatoren

Mit einem Resonator können tieffrequente Reflexionen und stehende Wellen effektiv reduziert werden. Ein akustischer Resonator wandelt die Schallenergie nicht in Wärme um, sondern er kompensiert die Störfrequenz, indem er diese sozusagen mit „Antischall" beseitigt. Angeregt durch eine Schwingung erzeugt er eine Schallwelle gleicher Frequenz mit 180 Grad gedrehter Phase. Durch diese Phasendrehung wird die Reflexion im Raum neutralisiert.

Eine beliebte Resonatorform ist der sogenannte Helmholtz-Resonator, der aus einer engen Öffnung, hinter der sich ein geschlossener Hohlraum anschließt, besteht (Stichwort: leere Bierflasche).

Schalltoter Raum

Einen Raum, der überhaupt keine Reflexionen zulässt, nennt man schalltoten Raum. Die Oberflächen der Wände, der Decke und des Fußbodens sind in so einem Raum wabenähnlich aufgebaut. Durch Schallabsorption wird die Schallenergie einer Schallquelle von den Oberflächen der Wände nicht reflektiert, sondern vollständig in Wärme umgewandelt – und zwar für das gesamte hörbare Frequenzspektrum. Theoretisch wäre solch ein Raum ideal als Regieraum eines Tonstudios. In der Realität zeigt sich jedoch, dass die akustischen Eigenschaften schalltoter Räume derart anders sind als jede normale Abhörsituation, dass das Ergebnis einer Musikproduktion nicht mehr repräsentativ wäre. Daher wird in einem Tonstudio eine Raumakustik bevorzugt, die in begrenztem Maße Reflexionen zulässt.

Diffusor

Ein Diffusor schluckt die Schallenergie nicht, indem er sie in Wärme umwandelt, sondern er zerstreut den Schall bei der Reflexion in möglichst alle Richtungen. Damit verhindert er die Entstehung von stehenden Wellen. Da auch ein schalltoter Raum nicht ideal ist, um Musik in einer akustisch angenehmen und repräsentativen Umgebung zu hören, werden in Tonstudios oft Kombinationen von Schallabsorbern und Diffusoren verwendet. Man kann sich einen Akustik-Diffusor wie ein Bücherregal vorstellen, in dem Bücher nebeneinander und übereinander stehen, die unterschiedlich groß und vor allem unterschiedlich tief sind. Die Oberfläche des gesamten Regals wird keine ebene Fläche sein, sondern aus vielen Hügeln und Tälern bestehen. Der Schall wird je nach Frequenz unterschiedliche Stellen des Regals antreffen und somit auch anders als bei einer ebenen

Wand in unterschiedliche Richtungen reflektiert beziehungsweise gestreut.

Position der Monitorboxen

Beide Monitorboxen sollten den gleichen Abstand zur ausgewählten Abhörposition haben. Idealerweise bilden die Boxen mit dieser Position ein gleichschenkliges Dreieck. Die Akustik ist meist kurz hinter diesem Sweetspot (ideale Abhörposition) noch sehr gut. Befindet man sich allerdings innerhalb des Dreiecks, ist der Höreindruck nicht ideal. Da vor allem hohe Frequenzen stark gerichtet ausgestrahlt werden, ist das Klangbild innerhalb des Dreiecks etwas dumpfer und indirekt.

Den Abstand der beiden Boxen zueinander nennt man Basisbreite. Sie ist maßgeblich für den stereofonen Klangeindruck. Ist die Basisbreite zu groß, entsteht in der Mitte scheinbar eine Art Schallschatten, sind beide Boxen zu nahe beieinander, ist der Höreindruck fast mono.

Die Monitorboxen sollten sich mindestens einen Meter vor der Wand befinden, um tieffrequente Resonanzen zu vermeiden. Die Hochtöner der Lautsprecherboxen sollten etwa 10 cm über den Ohren des Hörers angeordnet sein. Außerdem gilt es, die Boxen auf Stative zu stellen, die möglichst wenig tieffrequente Schwingungen auf den Fußboden unter ihnen übertragen. Andernfalls entstehen durch die Vibrationen des Fußbodens tieffrequente Resonanzen, und Körperschall, der sich schlimmstenfalls im ganzen Haus ausbreitet, wird begünstigt. Die Bassanteile würden zumindest bei manchen Frequenzen in einem stärkeren Maß wahrgenommen werden, als sie tatsächlich vorhanden sind.

Direktschall und erste Reflexionen

Reflexion

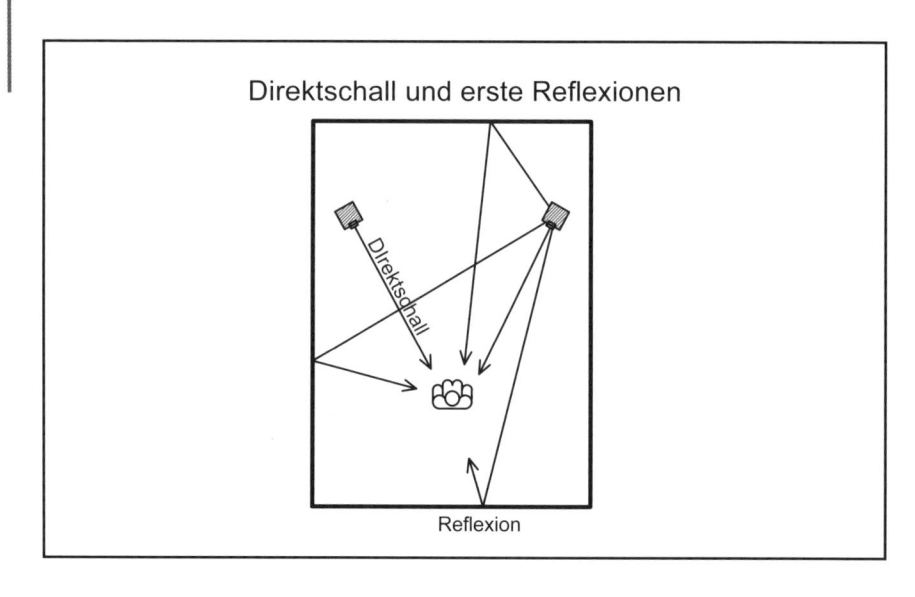

Das Verhältnis von Direktschall und frühen Reflexionen ist entscheidend für den Raumeindruck, den der Hörer empfindet.

Erfahrungen aus der Praxis

Den idealen Abhörraum gibt es in der Realität nicht. Ich habe einige Jahre in einem Regieraum gearbeitet, der nach dem LEDE-Prinzip (Live End Dead End) konstruiert wurde. Bei dieser Konstruktion ist der vordere Teil des Regieraums relativ stark akustisch gedämpft und der hintere Raum relativ stark diffus reflektierend. Das sollte das Ei des Kolumbus sein. Doch selbst dort hatten wir es des Öfteren mit dem Hauptproblem eines jeden Tonstudios zu tun.

Das Hauptproblem: Der Kunde sitzt während der Produktion neben mir und freut sich darüber, dass sein Werk immer weiter verbessert wird, um am Ende des Tages „perfekt" zu klingen. Am nächsten Tag ruft mich der Kunde von zu Hause aus an und sagt: „In deinem Tonstudio war der Sound perfekt, höre ich meinen Titel jedoch über meine Stereoanlage oder im Auto, klingt er leider ganz anders."

Allgemein ausgedrückt: Ein Tonstudio sollte in der Lage sein, einen Sound zu generieren, der überall funktioniert. Das ist ein vorrangiges Ziel des Masterings.

Die optimierten akustischen Bedingungen in einem Mastering-Studio sind ein wesentlicher Baustein dafür, dieses Ziel zu erreichen. Ein weiterer Baustein ist das Monitorsystem an sich, und der dritte und letzte Baustein, ist die Kenntnis des Ingenieurs über die Stärken, Schwächen und Eigenheiten seiner Abhörsituation.

Ein Toningenieur, der in einem für ihn fremden Tonstudio zu arbeiten hat, wird die erste halbe Stunde nichts anders tun, als sich seine mitgebrachten Lieblings-CDs anzuhören. In dieser halben Stunde erfährt er einiges über die akustischen Bedingungen an diesem Ort. Da er mit seinen CDs vertraut ist, erkennt er sehr schnell, wie das Tonstudio klingt. Aus demselben Grund fordere ich jeden Kunden auf, seine Referenz-CDs mit in mein Studio zu bringen. Er bekommt die Gelegenheit, seine eigenen Titel im Vergleich zu bekannten Songs zu hören und richtig einzuschätzen.

Arbeiten mit Kopfhörern

Vielen Musikern und Musikproduzenten ist es durch die häuslichen Gegebenheiten nicht möglich, mit einem Monitorsystem in angemessener Lautstärke zu arbeiten. Häufig ist der Gebrauch von Kopfhörern die einzige Alternative. Es gibt hier aber einige grundlegende Unterschiede zum Arbeiten mit Monitorsystemen: Zunächst einmal spielen die akustischen Bedingungen des umgebenden Raumes überhaupt keine Rolle. Der Lautsprecher direkt am Ohr verhindert die Wahrnehmung jeglicher Raumakustik. Man hört mit Kopfhörern zu 100 Prozent Direktschall.

Ein weiterer Unterschied ergibt sich durch die Eigenheiten eines Ohrhörers. Die Membran ist um ein vielfaches kleiner und damit impulsfreudiger (schneller) als jeder Hochtöner. Dadurch werden mittlere Frequenzen, Präsenzen und die ganz hohen Frequenzen überbetont. Ein Mixdown oder ein Mastering, das mit Kopfhörern erstellt wurde, wird über Lautsprecherboxen abgestrahlt sehr dumpf klingen, zu wenig Präsenzen enthalten, und es wird zu geringe Anteile von Raum-Effekten wie Reverb und Delays beinhalten. Daher sind Kopfhörer zur klanglichen Beurteilung eines Titels nicht geeignet. Geht es darum, akustisch-technische Fehler aufzufinden oder musikalische Edits vorzunehmen, sind Kopfhörer aber ein sehr gutes Werkzeug. Durch die Überbetonung hoher Frequenzen werden Fehler sehr deutlich. Da immer mehr Menschen ihre Musik unterwegs mit Earphones hören, ist es wichtig, zu prüfen, ob ein gemasterter Musiktitel auch über Kopfhörer gut klingt.

5. Stereofonie und Stereo-Effekte

Mit der monofonen Wiedergabe eines Schallereignisses bleiben wesentliche Informationen einer Audioübertragung verborgen. Erst mit der Stereofonie ist es möglich, Phasen- und Amplitudenunterschiede auf annähernd gleiche Art wiederzugeben, wie das menschliche Ohr diese Unterschiede wahrnimmt. Die möglichst originalgetreue Abbildung eines Klangereignisses in dem Raum seines Entstehens ist das Ziel der Stereofonie. Eine Aufnahme mit zwei Mikrofonen soll der Wahrnehmung mit unseren Ohren entsprechen.

Ein Klangereignis, das sich nicht genau mittig vor uns abspielt, gibt durch die zusätzlichen Informationen wie Laufzeit- und Amplitudenunterschiede preis, wo es sich im Raum befindet. Auch die Reflexionen von den Wänden haben einen Einfluss auf den Stereoklang.

Es ist einfach nachzuvollziehen, wie der Stereoklang eine Rauminformation darstellt, wenn man versuchsweise eine Stereoaufnahme mono abspielt. Vor allem über Kopfhörer wird sehr deutlich, wie die Rauminformationen verschwinden. Mono bricht der Hallraum regelrecht zusammen.

Intensitätsstereofonie

Die Intensitätsstereofonie oder Pegeldifferenzstereofonie vermittelt einen stereofonen Klang allein durch die Pegelunterschiede zwischen linkem und rechtem Kanal.

Knüppelstereofonie

Die Knüppelstereofonie erzeugt diesen Effekt durch eine Reihe von monofonen Schallereignissen, denen an einem Mischpult eine virtuelle Position zugewiesen wird. Mit dem Panorama-Potenziometer wird das Spannungsverhältnis zwischen linkem und rechtem Kanal für jedes einzelne Instrument festgelegt. Ist der Spannungsabfall für beide Seiten gleich, wird das Signal auf beiden Kanälen gleichlaut wiedergegeben und befindet sich so scheinbar in der Mitte. Man spricht in diesem Zusammenhang von einer Phantomschallquelle. Eine Stimme, die aus beiden Boxen gleich laut ertönt, befindet sich nur scheinbar in der Mitte. Einer Phantomschallquelle fehlen die zu einer räumlichen Position gehörenden Reflexionen. Daher klingt die reine Knüppelstereofonie etwas unnatürlich. Möchte man dem entgegenwirken, werden einem trockenen Schallsignal mit einem künstlichen Hallraum im Nachhinein Reflexionen hinzugefügt.

Modulationseffekte

Neben dem Reverb gibt es eine ganze Reihe weiterer Effekte, die einem monofonen Klang im Nachhinein zu einer Stereobreite verhelfen. Modulationseffekte wie Chorus, Flanger, Phaser und Pitch-Modulation sind einige der wichtigsten Effekte für ein Instrument in einer Musikproduktion: Die meisten dieser Effekte entstehen durch eine Dopplung des Signals. Die Dopplung wird dabei entweder zeitlich etwas versetzt oder in der Tonhöhe minimal verändert. Es entstehen Kammfiltereffekte durch Auslöschungen einzelner Frequenzen. Da die Verzögerungszeiten oder die Tonhöhen periodisch leicht variieren, ändert sich die Klangfarbe kontinuierlich. Durch einen kleinen zeitlichen Versatz (Phasenverschiebung) solch einen Effekts zwischen dem linken und dem rechten Kanal, wird ein breites Stereo-Bild erzeugt. Die meisten Modulationseffekte wurden ursprünglich zur Verfremdung von Gitarrensounds konzipiert. Sie würzen einen Sound wie das Salz die Suppe. Die Bearbeitung eines fertigen Mixdowns mit so einem Effekt ist allerdings nicht sinnvoll, da der Eingriff in das Original-Klangbild massiv wäre.

Nachhall (Reverb)

Mit zunehmender Leistungsfähigkeit der Computer wurde auch die Qualität der digital reproduzierten Hallräume (englisch: Reverb) immer besser. Ein Hall besteht in den meisten Fällen aus wenigen ersten Reflexionen, die der Struktur einzelner Echos gleichen, gefolgt von einem Cluster immer enger zusammenrückender Echos, die als einzelne Signale nicht mehr wahrnehmbar sind. Diese ersten Reflexionen sind maßgeblich für den Eindruck der Größe eines Hallraumes. Er erscheint immer größer, je später diese einzelnen Echos nach dem Originalimpuls einsetzen. Der zeitliche Abstand zwischen dem Original und der ersten Reflexion beträgt etwa 10 ms bis 100 ms. Wird der Abstand noch größer, werden einzelne Wiederholungen hörbar, und man spricht nicht mehr von einem Reverb, sondern von einem Echo.

Bevor es die Digitaltechnik gab, konnten Schallereignisse im Nachhinein nur verhallt werden, indem man das Originalsignal durch einen real konstruierten Hallraum schickte. Dieser Raum hatte an der einen Seite einen Lautsprecher und an der gegenüberliegenden Seite zwei Mikrofone. Durch Veränderungen der Akustik in diesem Raum konnte der Reverb verändert werden.

> **Erfahrungen aus der Praxis**
>
> Berühmt ist die Geschichte vom Reverb, mit dem die Drums in dem Song „Kashmir" von Led Zeppelin verhallt wurden. Der Legende nach verwendete der Ingenieur einen Fahrstuhlschacht als Hallraum.

Hallplatte

Einige Hersteller haben sich bemüht, mit analoger Technik künstlich einen Hallraum zu generieren. Die Hallfeder in einem Gitarrenverstärker ist ein (schlecht klingendes) Beispiel dafür. Die deutsche Firma EMT entwickelte mit der Hallplatte eines der ersten studiotauglichen Geräte. Diese Platte war aber leider nicht in der Lage, die so wichtigen ersten Reflexionen zu generieren. Dazu wurde zusätzlich ein analoges Delay verwendet. Daher hat noch heute das Hall-Programm „Plate Reverb" keine Pre-Delays. Aus diesem Grunde eignet sich dieses Programm gut zum Verhallen von sehr perkussiven Sounds wie dem des Schlagzeugs.

Mit der Digitaltechnik kam auch das Lexicon-480L-Hallgerät. Es galt über mehrere Jahrzehnte als die absolute Referenz für die digitale Reproduktion von Hallräumen und war in jedem anspruchsvollen Tonstudio zu finden.

Faltungshall

Die jüngste Entwicklung der digitalen Reproduktion von Reflexionen ist der Faltungshall. Dieses Gerät oder Plug-in nutzt die Impulsantwort zur naturgetreuen Reproduktion eines Raumes. Mittlerweile ist es allerdings so, dass ein Hall nicht unbedingt möglichst originalgetreu einen Raum abbilden soll, sondern ein Reverb wird auch genutzt, um zum Teil sehr unnatürliche, aber interessant klingende Halleffekte zu erzeugen.

Gated Reverb

Bei einem Gated Reverb werden zwei verschiedene Effekte hintereinandergeschaltet. Der erste Effekt ist ein Hall, der nach seiner Entstehung ein Gate durchläuft. Das Gate schaltet den Hall stumm, wenn der Pegel des Halls einen bestimmten Wert unterschritten hat. So entsteht ein ganz spezifischer Hall, der beispielsweise auf einer Snaredrum eingesetzt einen sehr prägnanten Klang ergibt (Phil Collins hat diesen Sound berühmt gemacht).

Reverse-Hall

Bei einem Reverse-Hall wird, wie der Name schon sagt, der Hall rückwärts abgespielt. Man hört zunächst nur das unverhallte Signal, und danach baut sich ein immer lauter werdender Hall auf, der auf seinem höchsten Pegel abrupt abbricht.

Erfahrungen aus der Praxis

Nur in sehr seltenen Fällen benutze ich einen Reverb-Effekt in einer Mastering-Session. Vor allem wenn der zu masternde Titel Drums enthält, bin ich sehr vorsichtig – selbst wenn mir der Gesamtklang zu trocken erscheint. Im Notfall eignet sich nur ein Plate-Reverb, da dieser aufgrund des fehlenden Pre-Delays keine zusätzlichen störenden Impulse erzeugt. Das Hinzufügen von Hallräumen ist eigentlich Bestandteil einer Mixdown-Session.

In einer Stem-Mastering-Session ist die Sachlage eine andere. Wenn der Hauptgesang als Einzelspur vorliegt, sollte in (fast) jedem Fall ein Reverb verwendet werden. Auch wenn der Gesang möglichst „trocken" klingen soll, kann ich mit einem kleinen Raum den Stimmen-Sound optimieren. Die Hallfahne wird beim Hinzufügen eines geringen Hallanteils dabei von der Musik überdeckt, jedoch verhelfen die ersten Reflexionen zu einem transparenteren Sound. Dabei sollte die Art des Effekts sorgfältig gewählt werden, da einige Hallprogramme den Klang auf eine unangenehme Weise einfärben.

Stereobasis-Verbreiterung

Des Öfteren wird der Wunsch geäußert, den Sound „schön breit" zu machen. Damit ist gemeint, man solle die Stereobasis des Titels verbreitern. Es gibt einige Effektgeräte, die solche Aufgaben erfüllen. Das Stereo-Spread in Logic Pro verschiebt beispielsweise einige Frequenzbänder aus der Mitte heraus an die Seiten. Ähnlich funktioniert der Stereo-Enhancer. Je weiter diese Effekte auf mittlere und tiefe Frequenzen zugreifen, desto stärker werden die Phasenauslöschungen. Deshalb verwende ich diese Effekte nur ungern.

Erfahrungen aus der Praxis

Als Alternative zu solchen Effekten verstärke ich das vollständige Seitensignal entweder komplett, oder ich suche bestimmte Frequenzen aus dem Seitenkanal, die ich etwas überbetone. Gleichzeitig beseitige ich alle Bassanteile unterhalb von 200 Hz aus dem Seitenkanal. Damit bringe ich mehr Klarheit in den Gesamtsound und erhöhe die Monokompatibilität.

Ich unterscheide bei der Bearbeitung der Stereo-Basisbreite nach Musikgenres. Clubmusik wird in Discotheken gespielt. Monitorboxen, die in einem Club mehr als zehn Meter weit auseinander stehen, bieten nur dem Zuhörer einen guten Stereo-Eindruck, der sich (zufällig) in der Mitte befindet.

Das bedeutet, der Stereo-Sound spielt hier eine untergeordnete Rolle. Der überwiegende Teil der Musik spielt sich in mono ab. Ausnahmen sind einzelne Synthesizer-Sounds, die einen Stereo-Effekt beinhalten. Hört man diese Musik nur aus einer Box, ändert sich der Höreindruck wenig.

Ähnlich ist es beim Hip Hop. Diese Gattung enthält an sich schon relativ wenige Stereo-Anteile. Ergo habe ich hier kein Bedürfnis, die Stereobasisbreite zu vergrößern. Anders verhält es sich bei Rock/Pop-Musik. Hier gibt es häufiger Toms, die links und rechts verteilt sind, die Hi-Hat befindet sich etwas außerhalb der Mitte, Gitarren sind links und rechts außen angeordnet, um der Stimme in der Mitte Platz zu machen. Piano-Sounds, Strings und Synthesizer klingen breit über das ganze Panorama verteilt. Das ist mein Betätigungsfeld für M/S-Bearbeitung.

6. Equipment

Hardware und Software

Die Computertechnik eröffnet einem Toningenieur Zugriff auf ein riesiges Spektrum an Werkzeugen. Die fortschreitende Entwicklung der Software und die unentwegt steigende Leistungsfähigkeit der Rechner schaffen immer neue Möglichkeiten.

Die Tatsache, dass diese Technologie nur einen Bruchteil von dem kostet, was die entsprechende Hardware kosten würde, erfreut jeden Menschen, der sich mit Musikproduktion beschäftigt. Darüber hinaus schafft manches Plug-in Möglichkeiten, die es in der Welt der analogen Audiotechnik überhaupt nicht gibt. Lediglich die Monitorboxen sind das einzige analoge System, das sich zwingend außerhalb eines Computers befindet. Eine Schnittstelle (Audiokarte) wandelt die digitalen Daten in ein analoges Signal, um es zu verstärken und über Lautsprecherboxen auszustrahlen. Diese Digital-Analog-Wandlung befindet sich nicht in dem Signalweg der Audiobearbeitung, sondern dient nur zur akustischen Kontrolle der Arbeit, die man verrichtet. Alle anderen Geräte, die zum Mastern eines Titels notwendig sind, können durch Software mehr oder weniger gut ersetzt werden.

Das Instrumentarium, das zum Mastering benötigt wird, ist relativ überschaubar. Zur Bearbeitung eines Titels benötigt man mindestens einen Equalizer, einen Kompressor und einen Limiter, der verhindert, dass der Gesamtpegel 0 dBFS überschreitet. Nach der Bearbeitung wird ein neues Master erstellt. Das kann durch Bouncen geschehen, oder der Titel wird in Realtime (Echtzeit) mit allen Bearbeitungsschritten neu aufgenommen.

Ähnlich wie beim Rendern eines bearbeiteten Bildes wird beim Bouncen vom Computer ein Master errechnet, das alle Bearbeitungsschritte beinhaltet.

Mastering-Softwarehersteller (Beispiele):

- T-RackS
- Steinberg
- Digidesign/Avid
- Brainworx
- Voxengo
- Izotope
- Universal Audio
- Sonnox

Ein großer Teil der Softwarehersteller beschäftigt sich damit, analoges Equipment zu emulieren (nachzubilden). Die Frage, wie gut das im Einzelnen gelingt und wie sinnvoll das überhaupt ist, sollte individuell beantwortet werden. Offensichtlich ist aber das Bedürfnis, beim Mastering einen „analogen" Sound zu schaffen.

Mastering-Hardware-Hersteller (Beispiele)

- Universal Audio
- Tube-Tech
- Avalon
- Summit Audio
- Neve
- Solid State Logic
- Tegeler Audio Manufaktur
- Massenburg
- Manley

Erfahrungen aus der Praxis

Die Frage, ob ich analoges Equipment oder ausschließlich Software einsetze, spielt für mich eine untergeordnete Rolle. Allein das Ergebnis zählt. In meiner Arbeit hat sich allerdings herausgestellt, dass ich mit einer Kombination von digitaler Soft- und Hardware sowie analoger Hardware in den meisten Fällen zu dem für mich bestmöglichen Ergebnis komme. Dabei nutze ich die Software überwiegend, um akustisch-technische Probleme zu lösen.

Die Option, beispielsweise das Mittensignal und das Seitensignal eines Stereo-Files getrennt bearbeiten zu können, schafft weitreichende Möglichkeiten. Ein dynamischer Equalizer, der Frequenzen nur in dem Moment anhebt, wenn sie fehlen, ist ein effizientes Werkzeug.

Equalizer, Kompressoren und andere Verstärker, die von sich aus nicht rauschen, haben Vorteile. Aber: Nach wie vor habe nicht nur ich den Eindruck, dass einer Produktion, die ausschließlich mit digitaler Software erstellt wurde, etwas Entscheidendes fehlt. Offensichtlich sind selbst aufwendig programmierte Plug-ins doch nicht in der Lage, einem Sound Leben einzuhauchen.

Vielleicht ist es gerade das Rauschen eines Verstärkers, die kleinen Phasenverschiebungen eines Equalizers, das leise Brummen eines Netzteils, die den Unterschied ausmachen. Mir scheint der analoge Sound „drei-dimensionaler" und die Tiefenstaffelung ausgeprägter zu sein. Außerdem klingen meines Erachtens eine Stimme, eine verzerrte E-Gitarre und ein knurrender Bass lebendiger, wenn ich sie mit analogem Equipment bearbeite. Dabei spielt die gute alte Röhrentechnologie eine immer größer werdende Rolle. Eine Verstärkerröhre erzeugt bei leichter Übersteuerung und durch ihre nichtlineare Kennlinie genau das, was allgemein als warmer Sound bezeichnet wird.

> Wenn ich allerdings einen Titel zu mastern habe, der einen kalten, Transienten-reichen, elektronisch klingenden Sound benötigt, dann lasse ich das analoge Equipment aus. Mein Ziel ist es, den Charakter eines Titels zu unterstützen und hervorzuheben, ungeachtet der Frage, welches Equipment ich lieber verwende. Immer wieder stelle ich fest, dass die Methode „Versuch und Irrtum" unumgänglich ist, denn pauschalisierte Lösungen ergeben meist nur Kompromisse.

Verkabelung: Netzkabel, Audiokabel, Digitalkabel

Netzkabel

Alle Geräte, die sich in dem Setup eines Tonstudios befinden, sind mindestens zweimal miteinander verbunden. Zum einen sind sie über ein Audio- oder Datenkabel mit mindestens einem anderen Gerät verbunden, zum anderen befindet sich (fast) jedes Gerät durch den Schutzleiter des Netzkabels in Kontakt mit „der Erde". Die Erde ist das absolute Null an elektrischem Potenzial. Leider liegt dieses Nullpotenzial nicht immer bei 100 Prozent. Bedingt durch Leitungswiderstände einzelner Kabel und andere Unwägbarkeiten gibt es oftmals kleine Potenzialunterschiede zwischen den Nullpotenzialen einzelner Geräte. Die Folge ist das berühmt-berüchtigte Netzbrummen. Der Erdanschluss, den der Stromversorger zur Verfügung stellt, wird bei einer Kabellänge von mehreren Kilometern oftmals auch nicht absolut null sein. Tonstudios, die Brummschleifen nachhaltig beseitigen möchten, treiben einen dicken Eisenstab in die Erde (im Garten) und schließen dort den Erdanschluss des Mischpultes an, weil dort die Nullleiter sehr vieler Geräte zusammengeschaltet werden. Wenn man keinen Garten hat, kann man mit hochwertigen Steckern, Netzkabeln und einer sternförmigen Anordnung von Multisteckern schon einige „Dämonen" austreiben.

> **Erfahrungen aus der Praxis**
>
> Viele Geräte sind über die Gehäusemasse in einem gemeinsamen Rack nochmals miteinander verbunden. Da ich mein Rack nicht bewegen muss, sind meine Geräte nicht im Rack verschraubt, sondern stehen aufeinander und werden dabei mit Gummifüßen gegeneinander isoliert. Alternativ gibt es hochwertige Rack-Schrauben mit Isolierung.

Audiokabel

Die Qualität der Audiokabel wird in der Studioszene wie auch in der HiFi-Szene gern diskutiert. Jedes Audiokabel besitzt einen ohmschen, einen kapazitiven (Impedanz) und einen induktiven Widerstand. Durch den ohmschen Widerstand reduziert das Kabel die Leistung frequenz-linear, durch den kapazitiven Widerstand hat ein Audiokabel die Eigenschaften eines Tiefpassfilters, der hohe Frequenzen reduziert, und durch den induktiven Widerstand besitzt ein Audiokabel Eigenschaften eines Hochpassfilters, der tiefe Frequenzen filtert. Entscheidend ist die Frage, ob diese Widerstände für den hörbaren Bereich von 20 bis 20.000 Hz relevant sind. Maßgeblich ist das Verhältnis vom Ausgangswiderstand des Generators (zum Beispiel CD-Player, Mikrofon, Mischpult-Ausgang) zum Eingangswiderstand des nachgeschalteten Verstärkers.

Um ein großes Thema abzukürzen: In der professionellen Audiotechnik (+6dB/1,55 Volt bei Vollausschlag) sind diese Widerstände eines Kabels zu vernachlässigen. Da die Ausgangsimpedanz eines Generators sehr niederohmig ist, wird der Frequenzverlust eines Kabels weit außerhalb des hörbaren Spektrums liegen. Werden Audiogeräte mit symmetrischen Anschlüssen verbunden, ist das Audiokabel außerdem erdfrei und vor hochfrequenten Einstrahlungen geschützt.

Ein wichtiges Qualitätsmerkmal eines Verstärkers ist seine Ausgangsimpedanz. In der Hi-Fi-Technik hat sich eine Ausgangsimpedanz von 600 Ohm etabliert. Damit ist der kapazitive Widerstand eines Audiokabels bei einer normalen Länge vernachlässigbar. Eine Ausnahme bilden Stromquellen, die einen hochohmigen Ausgang haben. Ein klassisches Beispiel ist die E-Gitarre. Bei einer Impedanz (Wechselstromwiderstand) von circa 6.000 Ohm wird das Gitarrenkabel mit zunehmender Länge zum Sound-Faktor. Ähnlich verhält es sich bei Tonabnehmersystemen eines Plattenspielers. Da die Ausgangsspannung eines Tonabnehmers sehr gering ist, wird der Phonoverstärker am Ausgang hochohmig sein. Ist dort kein Impedanzwandler vorhanden, gerät das Audiokabel auch hier zum Höhen-Killer.

Digitalkabel

Drei Arten von digitalen Audiokabeln sind gebräuchlich: Erstens das Kabel eines S/PDIF-Anschlusses mit einem 75-Ohm-Kabel und einem Cinch-Stecker, zweitens ein TOSLINK-Anschluss mit einem Glasfaserkabel und drittens ein symmetrisches Kabel für den AES/EBU-Anschluss.

Ähnlich wie in der Analogtechnik können hohe Ausgangsimpedanzen in Verbindung mit großen Kabellängen bei einer S/PDIF-Verbindung zu Klangeinbußen führen. Das Rechteck-Signal kann unter den kapazitiven Eigenschaften eines Kabels leiden, was dazu führt, dass der Empfänger mehr Daten interpolieren muss. Das wiederum zieht Klangeinbußen nach sich.

Die Verbindung mit einem Glasfaserkabel hat dem gegenüber Vorteile. Zunächst einmal hilft sie, Brummschleifen zu vermeiden, da sie die Geräte galvanisch voneinander getrennt hält. Außerdem haben Glasfaserkabel keine störenden elektrischen Eigenschaften.

Der professionellen Geräten vorbehaltende AES/EBU-Anschluss wird ausschließlich symmetrisch geführt und ist damit frei von eventuellen Einstrahlungen. Der getrennt mitgeführte Nullleiter verhindert auch Brummschleifen.

Synchronisation

Unter Synchronisation versteht man in der Tonstudiotechnik den konstanten parallelen Gleichlauf von mehreren Geräten. Bei großen Musikproduktionen wurden in früheren Zeiten mehrere 24-Spur-Bandmaschinen synchronisiert, um 48 oder mehr Audiospuren zur Verfügung zu haben. Dabei wurde eine Maschine als Master definiert und eine oder mehrere weitere Maschinen als Slave.

Der Begriff Synchronisation spielt in der digitalen Audiotechnik eine Rolle. Bei der Übertragung von digitalen Audiosignalen von einem Gerät zum nächsten werden zusätzliche Informationen über die Samplerate, die Bitrate sowie Informationen über Mono, Stereo, oder Mehrkanalton mit übertragen. Nur wenn Einigkeit über das digitale Format herrscht, kann der Empfänger die Daten des Senders auslesen.

Bei einem Aufbau von mehreren digitalen Geräten wird zur Synchronisation der Audiodaten oftmals ein externer Taktgenerator verwendet. Dieser Generator gibt für alle Geräte eine gemeinsame Wordclock vor. Die einzelnen Geräte müssen dabei auf externe Synchronisation eingestellt werden. Diese Clock wird als BNC-Anschluss ausgeführt (75 Ohm).

Kommt es zu Asynchronitäten, können Knackgeräusche entstehen, oder die Übertragung setzt vollständig aus.

Anzeige-Instrumente

VU-Meter

„VU" ist die Abkürzung für „Volume Units". Das VU-Meter dient in der Tonstudiotechnik schon seit Beginn der sechziger Jahre als Anzeigeinstrument für den Pegel. Da es kurze Pegelspitzen entweder verzögert oder überhaupt nicht anzeigt, ist es zur Vermeidung von Übersteuerungen nicht ideal geeignet. Vielfach wird versucht, dieses Problem zu kompensieren, indem es einen Vorlauf von 6 dB aufweist. Das hat wiederum zur Folge, dass bei konstantem Vollausschlag, wie etwa bei einem Sinus-Messton, der Anzeiger am rechten Rand der Skala anschlägt. Bei manchen Anzeigeinstrumenten gibt es ein zusätzlich integriertes LED-Lämpchen, das bei 100 Prozent Pegel zu leuchten beginnt.

Alternativ werden analoge Peakmeter ausschließlich mit Leuchtdioden, Flüssigkeitskristallen oder als Lichtzeiger aufgebaut. Sie haben im Vergleich zu einem mechanischen Anzeiger eine erheblich kürzere Einschwingzeit und Rücklaufzeit. Aber auch sie sind nicht in der Lage, alle sehr schnellen Impulse anzuzeigen.

Das VU-Meter dient bereits seit den sechziger Jahren als Anzeigeinstrument für den Pegel

Digital Peakmeter

In der Digitaltechnik ist es unerlässlich, Übersteuerungen zu vermeiden. Oberhalb von 0 dBFS hört die digitale Welt praktisch auf zu existieren. Ein einzelner Overload ist Grund genug, eine ganze Produktion zu stoppen. Das digitale Peakmeter gibt jedoch keine Auskunft darüber, wie hoch der Pegel übersteuert wurde. Eine kleine LED zeigt den Overload und damit die „verbotene Zone" an. Die Ausschläge eines digitalen Peakmeters weisen also nur darauf hin, wie weit man vom Overload entfernt ist. Durch den Einsatz digitaler Limiter ist bei dieser Anzeige nicht der höchste Pegel von Interesse, sondern der niedrigste Pegel. Er gibt Auskunft darüber, wie groß die Dynamik eines Titels ist. Bewegt sich der Anzeiger nur noch sehr wenig, klebt er förmlich am oberen Rand der Anzeige, so wird die Dynamik nur noch maximal ein Dezibel betragen.

Korrelationsgradmesser

Ein Korrelationsgradmesser zeigt die zeitliche Beziehung beziehungsweise den zeitlichen Versatz zwischen linkem und rechtem Kanal. Der Begriff „Phase" beschreibt diesen Versatz für Laufzeitunterschiede, die kürzer als die Dauer einer vollständigen Schwingung sind. Das ist vor allem bei tiefen Frequenzen relevant. Die Periode einer Schwingung von 100 Hz beträgt 10 Millisekunden. Sind nun die Schwingungen des linken und rechten Kanals von beispielsweise 100 Hz um 5 Millisekunden gegeneinander verschoben, kommt es zu einer vollständigen Auslöschung dieser Frequenz.

Ein Phasenkorrelator addiert die Pegel von linkem und rechtem Kanal und zeigt die gebildete Summe. Wenn es zu starken Auslöschungen tiefer Frequenzen kommt, bewegt sich der Anzeiger des Phasenkorrelators überwiegend links der Mitte. Phasenauslöschungen spielen in der Rundfunktechnik eine große Rolle. Titel, die derartige Auslöschungen enthalten, können nicht gesendet werden.

Ein Goniometer ist eine Art Korrelationsgradmesser, der wie ein Oszilloskop funktioniert. Dabei wird der linke Kanal an den X-Eingang angeschlossen und der rechte Kanal an den Y-Eingang. Damit die Anzeige senkrecht bei einem Monosignal ist, wird das komplette Bild um 48 Grad gekippt. Ist das Signal überwiegend phasenverdreht, bewegt sich die Anzeige um 45 Grad nach links geneigt.

Spektrum-Analyzer

Der Spektrum-Analyzer teilt das hörbare Frequenzspektrum in 30 diskrete Frequenzen (Terzband) auf und zeigt für jede dieser Frequenzen den Pegel im Ablauf der Zeit an. Die meisten Analyzer bieten die Möglichkeit, das Frequenzbild eines einzelnen Augenblicks abzuspeichern. Außerdem können die Empfindlichkeit, eine höhere Auflösung einer Frequenzgruppe und die Rücklaufzeit variiert werden. Die Anzeige ist vor allem für den oberen und unteren Rand des Frequenzspektrums von Relevanz. Da Frequenzen oberhalb von 16.000 Hz und unterhalb von 50 Hz kaum noch hörbar sind, hilft der Analyzer besonders tieffrequente oder hohe Resonanzen zu erkennen. Für alle hörbaren Frequenzen sind die eigenen Ohren meist das bessere „Messinstrument".

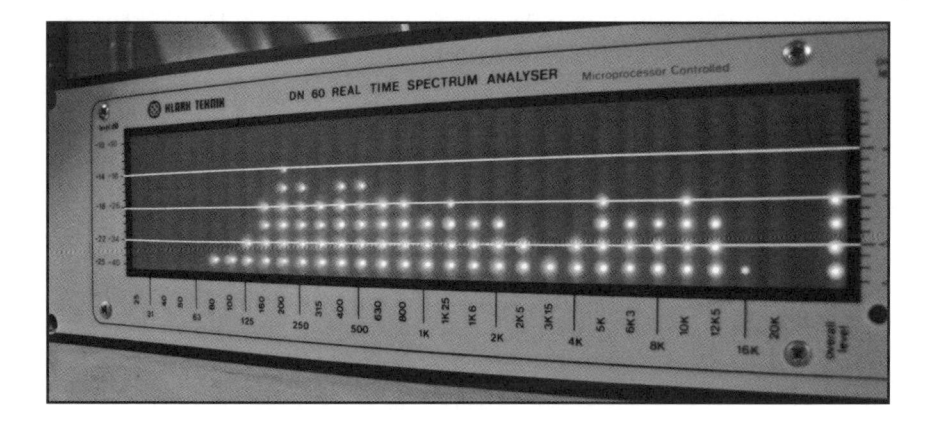

Ein Spektrum-Analyzer des Herstellers Klark Teknik

Erfahrungen aus der Praxis

Früher haben wir uns oft über die sogenannte Hitkurve lustig gemacht. Manch ein Musikproduzent hat davon geträumt, dass ein Titel nur eine ganz bestimmte Wellenform auf dem Analyzer anzuzeigen hat, um garantiert erfolgreich zu werden. Abgesehen davon, dass so etwas kompletter Unsinn ist, wird die Aussagekraft eines Analyzers ohnehin schon oft genug überschätzt. Eine Bassdrum, die offensichtlich sogar Frequenzen unterhalb von 40 Hz generiert, muss noch lange nicht den Druck erzeugen, den man sich wünscht. Der überwiegende Teil der Anzeige eines Analyzers kann durchaus als Mäusekino bezeichnet werden, weil sich die Grundfrequenz eines einzelnen Instruments im gesamten Spektrum eines Musiktitels nur sehr schwer erkennen lässt. Dieses ist nur sinnvoll möglich, wenn man das entsprechende Instrument solo hört beziehungsweise sieht.

Monitorsystem

Die Abhörsituation ist ein entscheidender Faktor bei der Bearbeitung eines Musiktitels. Für das Mastering ist es unerlässlich, Bedingungen zu schaffen, die eine einwandfreie Urteilskraft über den Sound eines Musiktitels erlauben. Neben dem Monitorsystem an sich ist der Ort, an dem sich die Lautsprecherboxen befinden, entscheidend. Nicht nur die Position der Boxen ist wichtig, sondern die Akustik in dem gesamten Raum spielt eine entscheidende Rolle (Einzelheiten dazu sind im Kapitel „Raumakustik" beschrieben).

Monitorsysteme für eine erfolgreiche Mastering-Session sollten mehrere Bedingungen erfüllen. Eine möglichst lineare Wiedergabe aller Frequenzen zwischen 20 und 20.000 Hz ist eine

Grundvoraussetzung, um ein objektives Urteil zu gewährleisten. Linear bedeutet, dass alle Frequenzen möglichst neutral wiedergegeben werden. Bei einem Hi-Fi-System werden hingegen oftmals die hohen Frequenzen zwischen 5.000 und 10.000 Hz leicht überbetont, um ein brillantes Klangbild zu erzeugen.

Eine weitere wichtige Eigenschaft einer Lautsprecherbox ist die Impulstreue. Da ein Tieftöner relativ groß ist, um tiefe Frequenzen mit entsprechendem Schalldruck erzeugen zu können, ist er zu träge, um schnelle Impulse höherer Frequenzen zu übertragen. Daher besitzen die meisten Lautsprecherboxen mehrere Lautsprecher.

Problematisch sind die Grenzfrequenzen, die von zwei Lautsprechern gleichzeitig übertragen werden. Das geschieht, weil eine Frequenzweiche die Frequenzbänder niemals 100 Prozent exakt trennt. Die gleichzeitige Wiedergabe einer Frequenz von zwei Lautsprechern erzeugt Phasenverschiebungen, da sich die Membranen beider Lautsprecher an verschiedenen Orten befinden. Diese Phasenverschiebungen bilden eine der markantesten klanglichen Eigenheiten einer Lautsprecherbox.

Bei Monitorboxen wird zwischen aktiven und passiven Lautsprechersystemen unterschieden. Passive Lautsprecherboxen benötigen eine oder mehrere externe Leistungsendstufen. Diese Endstufen sollten mit ihrer Ausgangsleistung und ihrer Ausgangsimpedanz an die Boxen angepasst sein. Der Vorteil bei solch einem Aufbau besteht darin, dass man verschiedene Boxenpaare an eine Stereo-Endstufe anschließen kann. Mit einem Auswahlschalter lassen sich bei den meisten Endstufen die Boxen anwählen. Da es in einer Mastering-Session unerlässlich ist, die geleistete Arbeit über verschiedene Boxen abzuhören, erweist sich so ein Aufbau als sinnvoll.

Eine Alternative sind aktive Monitorboxen. Sie enthalten die Leistungsendstufen im Boxengehäuse. Üblich ist, dass jeder einzelne Lautsprecher von einer separaten Endstufe angetrieben wird

(Bi-Amping). Das hat mehrere Vorteile. Zunächst einmal sind die Endstufen optimal für die Lautsprecher abgestimmt. Eine Endstufe, die einen Basslautsprecher antreibt, wird leistungsfähiger sein als die Endstufe für den Hochtöner. Ein weiterer Vorteil entsteht durch den einfacheren Aufbau der Frequenzweiche, die bestimmt, welche Frequenzen die entsprechenden Lautsprecher wiedergeben. Die Frequenzweiche einer aktiven Monitorbox muss nicht die Leistung trennen, sondern hat es mit nur kleinen Pegeln zu tun. Daher kann sie effektiver arbeiten. Gerade in Tonstudios finden sich sehr häufig aktive Monitorboxen. Die meisten Hersteller von Studio-Monitoren haben sich auf diese Bauweise spezialisiert.

Monitorboxen-Hersteller (Auswahl):

- Adam
- Genelec
- Quested
- Tannoy
- JBL

Erfahrungen aus der Praxis

Nach meiner Erfahrung ist entscheidend, dass ich meine Monitorboxen genau kenne. Ich lerne mein System kennen, indem ich sehr viel unterschiedliche Musik darüber höre. Wenn ich einen Titel gemastert habe, höre ich einen Referenztitel mit gleicher Lautstärke über mein System. Somit erfasse ich sehr schnell, ob meine Arbeit in die richtige Richtung ging. Kaum eine Abhörsituation ist perfekt, aber ich kann effektiv damit arbeiten, wenn ich genau weiß, wie ich einzuordnen habe, was ich höre.

An meinem Arbeitsplatz habe ich vier verschiede Boxenpaare zur Auswahl. Von jedem System kenne ich die Schwächen, und ich weiß, welche Frequenzen es überbetont und welche zu schwach abgebildet werden.

1. Hochwertige Studiomonitore mit neutraler Wiedergabe und einem Subwoofer, der bis circa 30 Hz überträgt.
2. Hi-Fi-Boxen, die den Frequenzbereich zwischen 5.000 und 8.000 Hz betonen, aber den Bereich zwischen 100 und 300 Hz etwas vernachlässigen.
3. Kleine Studiomonitor-Boxen, die etwa 3.000 bis 5.000 Hz überbetonen und unterhalb von 100 Hz alle Frequenzen vernachlässigen.
4. Kleine Computer-Monitorboxen, die weder richtig Höhen noch Tiefen wiedergeben können, aber den wichtigen Frequenzbereich zwischen 100 und 300 Hz etwas überbetonen und anfangen zu dröhnen, wenn diese Frequenzen kritisch werden.

Mit dieser Auswahl besitze ich Systeme, die unterschiedliche Problemfrequenzen überbetonen. Wenn ich mir beispielsweise nicht sicher bin, ob die Höhen zu scharf sind, kontrolliere ich dies über die Hi-Fi-Boxen.

> Wenn ich mir nicht sicher bin, ob die Rhythmus-Gitarren in einer Autoanlage nicht dröhnen werden, höre ich sie über meine Computerboxen ab. Wenn es auf diesen Boxen okay ist, gibt es nirgends ein Problem damit.
>
> Mich interessiert also nicht primär, ob es in meinem Studio gut klingt, sondern ich simuliere einige Kundenanwendungen. Mastere ich einen Club-Titel, muss er bei großer Lautstärke funktionieren. Ein Jazztitel sollte über meine Hi-Fi-Boxen gut klingen, eine Radioversion über meine kleinen Computerboxen.

Aufbau eines analog-digitalen Mastering-Setups

1. Formatwandlung in 96 kHz/24 Bit
2. Digitaler Equalizer zur Vorentzerrung, digitaler Limiter zur Pegel Optimierung
3. D/A-Wandlung, Abspielvorrichtung
4. Analoge Bearbeitung mit Equalizer, Kompressor, eventuell Bandmaschine sowie analogem Limiter
5. A/D-Wandlung
6. Digitale Nachbereitung, Limiting
7. Aufbereitung, Schnitt, Blenden, digitale Umrechnung in 44,1 kHz/16 Bit für CD-Master

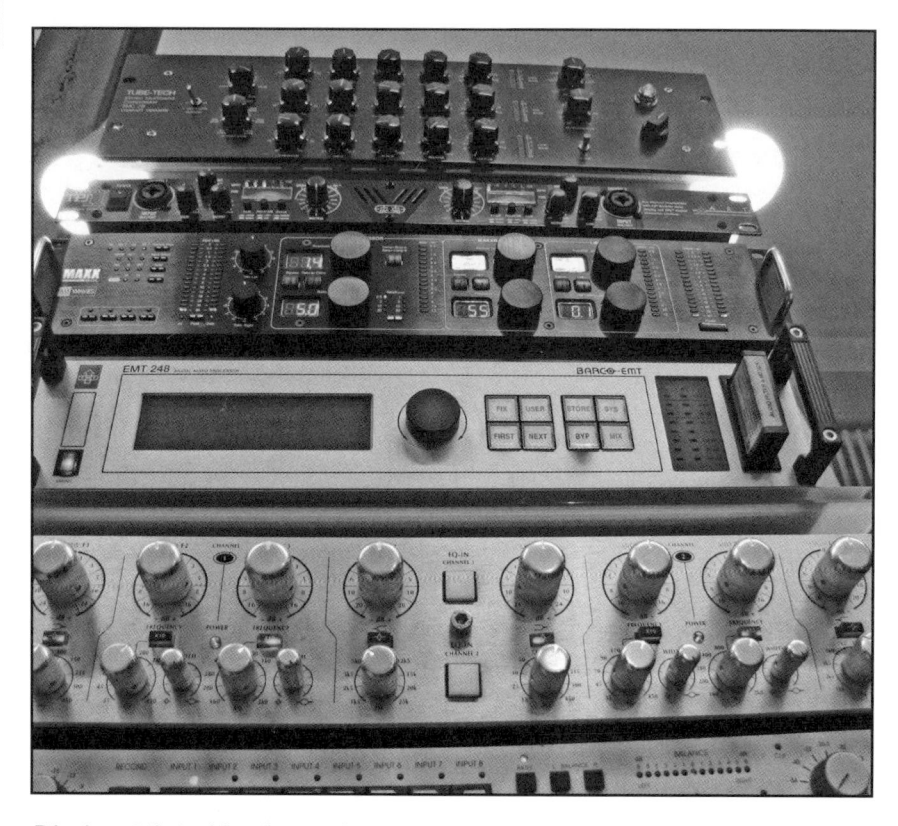

Die benötigte Hardware bestehend aus Equalizer, einen Kompressor und einen Limiter

Studiopegel und „Hi-Fi-Pegel"

Nach der Rundfunknorm beträgt der Referenzpegel bei 0 dBu 0,775 Volt. Der Arbeitspegel in professionellen Tonstudios entspricht dem doppelten Wert. Bei 100 Prozent Pegel entspricht das +6 dBu, also 1,55 Volt. In der Hi-Fi-Welt entspricht 100 Prozent Pegel -10dBV (-7,78 dBu). Das sind 0,316 Volt.

- 0 dBu = 0,775 Volt
- 0 dBV = 1 Volt

Alle Geräte, deren Audioverbindungen mit Cinch-Kabeln verbunden sind, haben einen Bezugspegel von -10 dBV. Audiogeräte, die mit XLR-Anschüssen ausgestattet sind, besitzen einen Referenzpegel von +6 dBu (USA: +4dBu).

Schwierig wird es, wenn man Geräte mit unterschiedlichen Referenzpegeln zusammenschaltet. Die Folge ist hier eine Fehlanpassung, die entweder zu Übersteuerungen oder zu einer Verringerung des Rauschabstands führt.

Erfahrungen aus der Praxis

Umgangssprachlich nennt der Toningenieur die Gerätewelt, die mit -10-dB-Pegel arbeitet, „Heimwerkerpegel". Man stelle sich einen einzelnen Bassdrum-Schlag vor. Wird er von einem Mikrofon aufgenommen und in einem Mischpult verstärkt, das am Ausgang 1,55 Volt Pegel abgibt, hat dieser Bassdrum-Schlag eine ganz andere Dynamik, als wenn am Ausgang des Pultes nur 0,3 Volt anlägen. In der Audiotechnik ist es sehr viel einfacher, Geräte zu bauen, die mit -10 dBV die Hi-Fi-Norm erfüllen. Geräte, die mit + 6dB V arbeiten, sind aufwendiger konstruiert und damit teurer.

7. Equalizer

Funktionen und Bauarten

Das Wort „equalize" kommt aus der englischen Sprache und bedeutet „ausgleichen" oder „gleichsetzen". Ein Equalizer ist demnach ein „Gleichmacher". In der Fachsprache wird der Begriff oft mit „EQ" abgekürzt. Zunächst wurden EQs eingesetzt, um Schwächen von einzelnen Komponenten einer Rundfunk-Übertragungskette zu kompensieren. Eine Übertragungskette besteht aus folgenden Komponenten:

1. Schallwandler (Mikrofon, Lautsprecher, Digitalwandler)
2. Verstärker (Equalizer, Kompressor, Limiter, Effektgeräte)
3. Speicher (Tonband, Festplatte)
4. Sender, Empfänger
5. Kabelverbindungen

Abgesehen vom Sender und Empfänger findet man diese Bestandteile auch in jedem Tonstudio. Jedes dieser Elemente hat nun aber leider die Eigenart, den Originalklang zu verfremden. Diese Verfremdung ist beispielsweise bei einer Kabelverbindung sehr gering, oftmals addieren sich jedoch kleine Unzulänglichkeiten zu einem ernstzunehmenden Faktor.

Wenn sich das ursprüngliche Frequenzspektrum eines Programms in irgendeiner Weise verändert, spricht man von einer *Verzerrung*. Bei einer *linearen Verzerrung* verändern sich die Lautstärkeverhältnisse der einzelnen Frequenzen beziehungsweise Frequenzbänder zueinander. Bei einer *nichtlinearen Verzerrung* werden hingegen neue Frequenzen (Obertöne) hinzugefügt. Ein EQ generiert lineare Verzerrungen, indem er den

Pegel einzelner Frequenzen oder ganzer Frequenzbänder eines Audioprogramms verstärkt oder absenkt. Oftmals wird er deshalb eingesetzt, um ungewollt entstandene lineare Verzerrungen zu kompensieren. Daher nennt man einen EQ auch *Entzerrer*.

Es gibt je nach Aufbau, Funktion und Arbeitsweise verschiedene Gattungen von Equalizern:

1. Parametrische Equalizer, semiparametrische Equalizer
2. Grafische Equalizer
3. Kuhschwanz-Filter (Shelving-Equalizer)
4. Linear-Phase-Equalizer
5. Dynamische Equalizer
6. M/S-Equalizer

Einige Geräte bieten eine Kombination von verschiedenen Gattungen an. Gebräuchlich sind parametrische EQs in Verbindung mit Shelving-EQs, da sich die Anwendungen dieser beiden Gattungen gut ergänzen.

All diese Arten von EQs gibt es mittlerweile auch als Software. Sie werden gern als Plug-ins in digitale Workstations (DAWs) integriert.

Allgemeine Anwendungen

Abgesehen von der Kompensation akustisch/technischer Unzulänglichkeiten gibt es noch eine ganze Reihe von weiteren Anwendungen für einen EQ. In Hi-Fi-Verstärken werden EQs beispielsweise eingesetzt, um den Klang auf die Raumakustik und die Hörgewohnheiten des Hörers abzustimmen. Innerhalb einer Musikproduktion werden EQs verwendet, um gestalterisch auf den Klang einzelner Instrumente oder Stimmen Einfluss zu nehmen.

Anwendungen beim Mastering

Geht es darum, den Gesamtklang eines Musiktitels zu optimieren, ist der EQ ein unerlässliches, effizientes Werkzeug. Wenn man im Nachhinein Einfluss auf einzelne Instrumente innerhalb eines Mixdowns nehmen möchte, kommt die Anwendung eines EQs aber an ihre Grenzen. Auf dieses Thema werde ich bei der Beschreibung der unterschiedlichen EQ-Gattungen näher eingehen.

Parametrischer Equalizer

Aufbau und Funktion

Ein parametrischer EQ bietet die Möglichkeit, eine einzelne Frequenz auszuwählen und diese je nach Anwendung zu verstärken oder abzusenken. Es gibt drei einstellbare Parameter:

1. Frequenz
2. Verstärkungsfaktor (Cut/Boost)
3. Güte (Bandbreite, Q)

Mit dem Frequenz-Einsteller wählt man die zu bearbeitende Frequenz. Da ein parametrischer EQ meist mehrere Bänder hat, die verwendet werden können, geht die wählbare Frequenz eines Einstellers nur über einen Teilbereich des gesamten Frequenzspektrums. Das komplette Spektrum wird mit drei oder vier Komponenten innerhalb eines Gerätes abgedeckt.

Mit dem Einsteller für den Verstärkungsfaktor lässt sich bestimmen, ob die betreffende Frequenz abgesenkt oder verstärkt wird und wie stark die positive oder negative Verstärkung sein soll. Meist liegt sie in einer Größenordnung um maximal +/- 12 dB.

Mit dem Einsteller für die Güte ist die Bandbreite festzulegen, mit der man die gewählte Frequenz bearbeitet. Soll beispielsweise die Frequenz von 100 Hz um 6 dB angehoben werden, wird der EQ nicht nur 100 Hz um 6 dB verstärken, sondern auch die benachbarten Frequenzen wie 101 Hz und 99 Hz um circa 5 dB anheben. Außerdem wird er 105 Hz und 95 Hz um etwa 3 dB boosten. Die Güte legt also fest, wie stark benachbarte Frequenzen mit verändert werden. Je größer die Güte ist, umso geringer werden die benachbarten Frequenzen mit verändert.

Je nachdem, wie der EQ eingesetzt wird, ist zu entscheiden, welche Güte man wählt. Geht es darum, ein Netzbrummen bei 50 Hz zu reduzieren, ist es sinnvoll, die Güte groß zu wählen, um benachbarte Frequenzen möglichst unangetastet zu lassen. Möchte man hingegen eine Stimme etwas präsenter klingen lassen, wird man eine Frequenz um die 3.000 Hz wählen und die Güte möglichst klein einstellen, da der Stimmen-Sound weiter verbessert wird, wenn auch die 3.500 Hz mit verstärkt werden.

Wenn das Gerät nicht grundsätzlich in Stereo ausgelegt ist, besteht meistens die Möglichkeit, den linken und den rechten Kanal zu „linken". Dies bedeutet, dass man die einzelnen Parameter nur für einen Stereo-Kanal einstellt und via Link-Funktion der andere Stereo-Kanal die gleiche Einstellung automatisch erhält.

Analog Equalizer Avalon AD 2055 mit einer Kombination von zwei Shelf-EQ's und zwei parametrischen EQ's pro Kanal.

Allgemeine Anwendungen

Ein parametrischer EQ wird eingesetzt, wenn akustisch-technische Unzulänglichkeiten, Geräusche oder Schwächen auf einen kleinen Frequenzbereich begrenzt sind. Er ist sehr effizient, wenn es darum geht, den Klang eines Instrumentes oder kompletten Mixdowns aufzuwerten.

Der Klang eines einzelnen Instruments, beispielsweise die klingende Saite einer Gitarre, besteht aus einem Grundton und einer Reihe von Obertönen. Der Grundton legt die Tonhöhe fest; die Struktur der Obertöne bestimmt den Klang. Der Tonhöhe kann eine eindeutige Frequenz zugeordnet werden. Die Obertöne sind ein ganzzahliges Vielfaches dieser Grundtonfrequenz. Ein parametrischer EQ ist das perfekte Werkzeug, um genau diese Frequenzen zu ermitteln und nach Wunsch zu verstärken oder zu reduzieren. Dazu stellt man sowohl den Verstärkungsfaktor als auch die Güte auf einen hohen Wert ein. Danach fährt man mit dem Einsteller für die Frequenz das Frequenzband ab. Der Klang wird sich am prägnantesten ändern, wenn man genau die richtige Grundfrequenz oder die Frequenz eines Obertones erreicht hat. Nun kann man den gewünschten Verstärkungsfaktor wählen.

Ein erfahrener Toningenieur kennt die Grundfrequenzen der gängigsten Instrumente, zum Beispiel einer Bassdrum, einer Snaredrum, einer männlichen Stimme oder einer E-Gitarre.

> **Erfahrungen aus der Praxis**
>
> Einer Legende nach sitzen die Toningenieur-Gurus in der zweiten Reihe hinter dem Mischpult in einem bequemen Sessel und rufen dem Assistenten am Pult die einzelnen Werte zu: „80 Hz, +3 dB und 250 Hz, -6 dB ..."

Frequenzspektrum Instrumente und Stimmen (Richtwerte):

- Männliche Stimme   100 Hz –   7.000 Hz
- Weibliche Stimme   250 Hz –   7.000 Hz
- Gitarre   90 Hz –   6.000 Hz
- Saxofon   70 Hz – 10.000 Hz
- Piano   30 Hz – 15.000 Hz
- Violine   200 Hz – 16.000 Hz
- Bassdrum   50 Hz –   6.000 Hz
- Snaredrum   300 Hz – 10.000 Hz
- Hi-Hat   500 Hz – 16.000 Hz
- Toms   60 Hz –   3.000 Hz
- Congas   150 Hz –   6.000 Hz
- Bass   40 Hz –   3.000 Hz

Anwendungen beim Mastering

Der parametrische EQ ist beim Mastering eines der effizientesten und wichtigsten Werkzeuge. Möchte man einen spezifischen, begrenzten Frequenzbereich bearbeiten, um eine gezielte Änderung im Gesamtklangbild zu bewirken, kann man mit ihm sehr effektiv arbeiten. Will man den tiefen Frequenzen etwas auf die Sprünge helfen, da der Sound im Original zu dünn klingt, hebt man 80 Hz mit einer mittleren Güte um 3-5 dB an, und der Titel wird ausgewogen und kraftvoll klingen.

Voraussetzung hierfür ist allerdings, dass der ausgewählte Frequenzbereich grundsätzlich im Original vorhanden ist. Oder anders formuliert: „Wo nichts ist, kann man auch nichts verstärken." Wenn der Sound zu dünn ausfällt, weil sich kein Instrument finden lässt, das wenigstens im Ansatz tiefe Frequenzen enthält, muss eine andere Lösung gefunden werden.

Am oberen Rand des Frequenzspektrums verhält es sich ähnlich. Klingt ein Titel zu dumpf, hebt man bei 8.000 Hz mit einer möglichst breiten Güte an, um die Präsenzen zu verstärken. Damit werden die Instrumente hervorgehoben, bei denen diese Frequenzanteile vorhanden sind. Dazu gehört mit Sicherheit die Hi-Hat, die Becken des Schlagzeugs, oftmals die Snaredrum, manchmal auch die Obertöne einer Stimme. Spielen in dem betreffenden Titel diese Instrumente überhaupt nicht mit, kann es passieren, dass man mit den 8.000 Hz nur die unliebsamen „S"-Laute einer Stimme verstärkt oder das Rauschen eines Verstärkers (das ist immer vorhanden).

Arbeitet man an dem Pegel der mittleren Frequenzen, so verändert man den Klang einer ganzen Gruppe von Instrumenten. Zwischen 200 und 2.000 Hz tummeln sich die Stimmen, Gitarren, Synthesizer, die Trommeln eines Schlagzeugs und so weiter. Mit dem Verstärken von 1.000 Hz wird man vor allem den Klang der Instrumente verändern, die in diesem Frequenzbereich am lautesten sind. Wenn das mein Ziel sein sollte, ist das gut so.

Meistens ist es jedoch so, dass man eigentlich die leiseren Instrumente bearbeiten beziehungsweise unterstützen möchte. Somit kommt man hier an die Grenzen dessen, was mit einem parametrischen EQ realisierbar ist. Wenn es darum geht, leise Instrumente in einem Mixdown hervorzuheben (was in der Praxis häufig vorkommt), muss ein anderes Werkzeug eingesetzt werden, zum Beispiel ein Multibandkompressor (siehe dazu das Kapitel „Kompressor").

Semiparametrischer Equalizer

Ein semiparametrischer EQ arbeitet nach demselben Prinzip wie ein parametrischer EQ. Bei ihm fehlt nur die Möglichkeit, die Güte zu variieren. Sie hat hier einen festgelegten, meist mittleren Wert. Diese EQs findet man häufig in einfachen Mischpulten oder Effektgeräten.

Kuhschwanz-Equalizer (Shelving-EQ)

Aufbau und Funktion

Der Shelving-EQ ist in der Historie der Tonstudio- und Rundfunktechnik einer der erste EQs, die entwickelt wurden. Ein Shelving-EQ senkt das komplette Frequenzband unterhalb einer definierten Grenzfrequenz ab oder hebt es an. Oftmals werden diese EQs auch als Filter bezeichnet.

Berühmt ist der Pultec EQP-1 aus dem Jahre 1951. Er gehört zu der Gruppe der passiven Equalizer. Ein passiver EQ enthält als elektronische Bauteile nur passive Elemente (Kondensatoren, Spulen und Widerstände des Geräts). Diese Bauteile benötigen keine eigene Stromquelle. Erst eine nachgeschaltete Verstärkerschaltung, die zum Aufholen der durch den EQ verloren gegangenen Energie dient, enthält aktive Bauteile. Das konnte 1951 nichts anderes als eine Verstärker-Röhre sein. Einige Hersteller moderner EQs bevorzugen auch heute noch passive Konzepte, weil sie besonders musikalisch klingen. Die Firma Manley hat mit dem Massive Passive EQ ein mittlerweile viel gerühmtes Gerät auf dem Markt, das sich dieser Technik bedient.

Ein Hardware-EQ besteht meist aus einer Kombination von drei bis vier parametrischen Bändern und zwei Shelving-EQs. Ein Shelving-EQ ist für den Einsatz an der oberen Grenzfrequenz gedacht, ein zweiter für die Bearbeitung der unteren Grenzfrequenz.

Allgemeine Anwendungen

Ein Shelving-EQ wird eingesetzt, um das komplette Frequenzspektrum eines Signals einzugrenzen. Die Telekom verwendet ihn, um die Übertragung einer Stimme auf einen Frequenzbereich von 200 bis 3.500 Hz zu beschränken. Dabei kommt ein Hochpassfilter zum Einsatz, der unterhalb von 200 Hz alle Frequenzen eliminiert, sowie ein Tiefpassfilter, um alle Frequenzen oberhalb von 3.500 Hz zu beseitigen.

In einer Mixdown-Session wird man Shelving-EQs verwenden, um Spuren zu säubern. Auf jeder Einzelspur sollen nur die Frequenzen vorhanden sein, die auch von Nutzen sind. Bei einer Hi-Hat-Spur kann man alle Frequenzen unterhalb von 300 Hz beseitigen, weil dort die Anteile der Bassdrum oder der Toms nur stören. Bei einer Stimmen-Spur sollten alle Frequenzen unterhalb von 100 Hz beseitigt werden, um den Trittschall und die tieffrequenten Anteile von „P"-Lauten zu beseitigen. Ähnliches Vorgehen kann bei nahezu allen Spuren sinnvoll sein.

> **Erfahrungen aus der Praxis**
>
> Bob Dylan gab einmal seinem Toningenieur die Aufgabe, eine seiner Aufnahmen zu mischen. Nach ein paar Stunden kam er zurück ins Studio, um den Mix zu hören. Er sagte zu seinem Toningenieur, dass der Mixdown schrecklich sei, da man ALLES hören könne.

Wenn ein Programm zu stumpf klingt, kann man mit einem Shelving-EQ alle Frequenzen oberhalb von 5.000 Hz anheben. Damit wird man die Obertöne sämtlicher Instrumente verstärken, die Obertöne ab dieser Frequenz besitzen. Im unteren Frequenzbereich wird man nur in Ausnahmefällen einen Shelving-EQ einsetzen, um alle Frequenzen unterhalb von 100 Hz zu verstärken, denn die Verstärkung würde zumindest theoretisch bis 1 Hz gehen und damit ein undifferenziertes Rumpeln erzeugen.

Anwendungen im Mastering

Beim Mastering ist ein Shelving-EQ sehr nützlich, um Tiefstfrequenzen zu reduzieren oder komplett zu beseitigen. Wenn der Spektrum-Analyzer einen hohen Pegel bei Frequenzen unterhalb von 30 Hz anzeigt, ist der Shelving-EQ das richtige Werkzeug, um hier gegenzusteuern. Gleichzeitig lassen sich damit auch eventuelle Gleichspannungsanteile (DC-Offset) beseitigen. Behutsam eingesetzt, kann man mit einem Hi-Shelving-EQ auch hohe Frequenzen hinzufügen, um das komplette Klangbild präsenter wirken zu lassen.

Grafischer Equalizer

Aufbau und Funktion

Bei einem grafischen EQ sind die Frequenzen, die man bearbeiten kann, festgelegt. Sehr verbreitet ist der Terzband-EQ mit 31 Bändern. Sie sind, wie der Name schon sagt, in Terzen eingeteilt. Das bedeutet, es gibt drei Bänder pro Oktave. Für jedes Band gibt es einen Fader, der sich im Ruhezustand in der Mitte befindet.

Der Equalizer arbeitet in diesem Zustand nicht. Nun wählt man eine Frequenz, die man verstärken oder absenken möchte, und bewegt den entsprechenden Fader nach oben zur Verstärkung oder nach unten, um die entsprechende Frequenz abzusenken.

Üblich ist es, nicht nur einen Fader zu bewegen, sondern auch die benachbarten Fader. Bei ihnen wird die Verstärkung beziehungsweise Absenkung etwas geringer gewählt. So wird man etwa drei bis fünf nebeneinander liegende Frequenzen bearbeiten, um eigentlich nur eine Frequenz zu verändern. Der Grund dafür ist, dass ein einzelner Fader nur ein sehr schmales Frequenzband umfasst. Ähnlich wie bei der Auswahl der Güte eines parametrischen EQs wird mit der Anzahl der benachbarten Fader, die man mit einsetzt, die Bandbreite gewählt, mit der man eine Frequenz bearbeitet.

Allgemeine Anwendungen

Grafische EQs werden häufig in der Beschallungstechnik eingesetzt. Dort benutzt man sie, um die Lautsprechersysteme an die akustischen Gegebenheiten eines Raumes beziehungsweise einer Halle anzupassen. Grafische EQs werden auch verwendet, um Frequenzen zu eliminieren, die akustische Rückkopplungen auf einer Bühne verursachen.

Anwendungen beim Mastering

Beim Mastering werden grafische EQs selten eingesetzt. Das mag daran liegen, dass man durch die nicht frei wählbaren Frequenzen nicht spezifisch genug arbeiten kann. Er ist ein relativ grobes Werkzeug. Wenn der Gesamtklang eines Originals überhaupt nicht funktionieren mag, kann man ihn mit einer breitbandigen Anhebung manchmal retten.

Notch-Filter

Aufbau und Funktion

Das Wort „Notch" kommt aus dem Englischen und bedeutet „Einschnitt" oder „Kerbe". Ein Notch-Filter ist ein EQ mit einer festen, sehr engen Bandbreite. Er wird hauptsächlich eingesetzt, um schmalbandige Störgeräusche herauszufiltern. Ein solches Störgeräusch kann beispielsweise ein 50-Hz-Netzbrummen sein. Wenn man bei einem Notch-Filter die Frequenz periodisch verändert, entsteht ein Klangeffekt, wie man ihn häufig in Club-Musik hört.

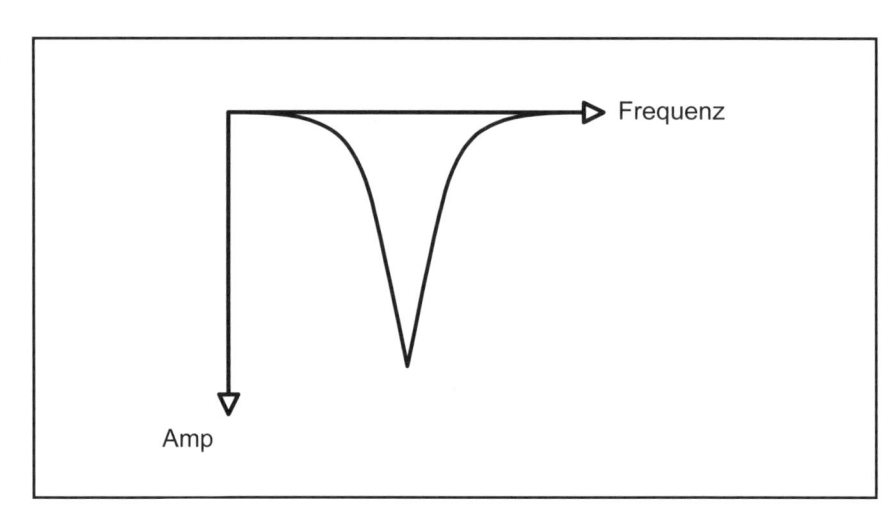

Notch-Filter erzeugen eine Kerbe im Frequenzspektrum.

Phase-Linear-Equalizer

Aufbau und Funktion

Phase-Linear-Equalizer existieren nur als Software. In seiner Funktion gleicht dieser EQ einem parametrischen Equalizer beziehungsweise einer Kombination von parametrischem und Shelving-EQ. Er besitzt jedoch ein besonderes Merkmal: Ein Phase-Linear-Equalizer arbeitet phasenstabil.

Jeder analoge EQ verschiebt konstruktionsbedingt ein wenig die Phasenlage der Frequenz, die er bearbeitet. Das bedeutet, dass minimale Laufzeitunterschiede innerhalb des kompletten Frequenzspektrums entstehen. Wenn Laufzeitunterschiede kürzer sind, als die Periode einer einzelnen Schwingung andauert, spricht man von einer Phasenverschiebung. Ein Software-EQ erzeugt diese Phasenverschiebungen nicht zwangsläufig, es sei denn, er wurde ganz bewusst darauf programmiert. Nun ist es so, dass die Phasenverschiebungen, die ein analoger EQ erzeugt, Bestandteil seines Charakters sind, den man nicht unbedingt missen möchte. Demgemäß könnte man einen Phase-Linear-EQ auch als charakterlos bezeichnen.

Allgemeine Anwendungen

Ein Phase-Linear-EQ wird im Mixdown sinnvoll eingesetzt, wenn mehrere EQs mit hohem Verstärkungsfaktor zur Anwendung kommen. Die Phasenverschiebung mag beim Einsatz eines einzelnen EQs charmant klingen. Sie kann allerdings zu einem undifferenzierten Klangbild führen, wenn sich viele Phasenverschiebungen vieler Einzelspuren addieren.

Anwendungen beim Mastering

Wenn beim Mastering ein einzelner EQ eingesetzt wird, der nicht mehr als 4 dB anhebt oder absenkt, ist die Sorge um die entstehende Phasenverschiebung unbegründet. Man kann einen Phase-Linear-EQ sinnvoll einsetzen, wenn es nicht um eine klangästhetische Bearbeitung geht, sondern eine einzelne Frequenz relativ schmalbandig herausgefiltert werden soll.

M/S-Equalizer

Aufbau und Funktion

So wie man ein Stereosignal in ein rechtes und ein linkes Signal aufteilen kann, lässt es sich auch in ein Mitten- und Seitenkanal-Signal aufteilen. Der Mittenkanal wird aus der Summe von links und rechts gebildet. Er enthält alle Informationen, die für links und rechts identisch sind und damit scheinbar aus der Mitte tönen. Der Seitenkanal wird aus der Differenz von links und rechts gebildet. Er enthält die Informationen, die für links und rechts unterschiedlich sind, und er verfügt außerdem über die Rauminformationen eines natürlich oder künstlich erzeugten Nachhalls.

Das M/S-Verfahren wird bei der Ausstrahlung des Rundfunks eingesetzt. Bekannt ist auch eine stereofone Mikrofonierung (Intensitätsstereofonie), die nach diesem Prinzip arbeitet.

- Mittenkanal: $M = L + R$
- Seitenkanal: $S = L - R$
- Links: $M + S = (L + R) + (L - R) = 2 L$
- Rechts: $M - S = (L + R) - (L - R) = 2 R$

(Ein Minus-Zeichen bedeutet hier, dass die beiden Kanäle auch addiert werden, jedoch ist einer der beiden in der Phase um 180 Grad gedreht.)

Nach der Aufteilung des Stereo-Signals in dieser Weise ergeben sich andere Bearbeitungsmöglichkeiten: Das Mittensignal und das Seitensignal können getrennt bearbeitet werden.

Es gibt also EQ's, bei denen man nicht nur im konventionellen Sinne die linke und rechte Seite bearbeiten kann, sondern man kann das Gerät so umkonfigurieren, dass mit dem einen Kanal das Mittensignal bearbeitet werden kann und mit dem anderen

Kanal das Seitensignal. EQ's mit solchen Optionen gibt es noch nicht sehr lange auf dem Markt. Derzeit sind sie selten zu finden und sie sind sehr teuer (zum Beispiel: Roger Schult UF 1). Es gibt jedoch mittlerweile eine ganze Reihe von Software EQ's, die diese M/S-Funktion anbieten.

Allgemeine Anwendungen

Klarerweise kann man einen M/S-EQ nur für ein Stereo-Signal verwenden. Somit sind die Einsatzmöglichkeiten begrenzt. Bei der Bearbeitung einer stereofonen Aufnahme lässt sich etwa der Hallanteil reduzieren, indem man die mittleren und hohen Frequenzen im Seitenkanal dämpft.

Anwendungen beim Mastering

Durch die Option, ausschließlich auf das Seitensignal einzugreifen, ergeben sich im Mastering vielseitige Eingriffsmöglichkeiten. Mit dem Anheben der mittleren und oberen Frequenzen zieht man den Gesamtklang aus der Mitte nach außen. Das kann einen schönen Hi-Fi-Sound ergeben. Die Stereobasisbreite wird erhöht. Wenn in einem Rocksong die Gitarren gedoppelt und im Panorama links und rechts außen positioniert sind, kann man sie durch Verstärken von 2.000-5.000 Hz präsenter gestalten und unterstützen. Wenn im Mixdown die Hi-Hat zu laut ist, lässt sich mit einer Reduktion bei circa 5.000 Hz im Seitenkanal gegensteuern. Man sollte dabei allerdings seinen Blick auf einen Korrelationsgradmesser gerichtet haben, wenn man das Seitensignal wie auch immer verstärkt. Tanzt der Anzeiger häufig links der Mitte, verliert man die Monokompatibilität.

Mit der separaten Bearbeitung des Mittensignals kann man gut Einfluss auf den Stimmensound nehmen oder der Snaredrum etwas auf die Sprünge helfen. Wenn der Titel zu viel Hallanteil hat, reduziert man das Seitensignal im Vergleich zum Mittensignal, denn der Hall ist (fast) immer Bestandteil der Stereo-Information. Beim Vinyl-Mastering kann ein M/S-EQ übrigens sehr gut störende Bassfrequenzen aus dem Seitenkanal beseitigen.

Dynamischer Equalizer

Aufbau und Funktion

Auch diese Art von EQ existiert nur als Software. Ein dynamischer EQ funktioniert genau wie ein parametrischer EQ, er besitzt jedoch die zusätzliche Möglichkeit, den Verstärkungsfaktor zu dynamisieren. Die Verstärkung wird dabei dynamisch nach dem musikalischen Inhalt beziehungsweise nach den Pegelverhältnissen der ausgewählten Frequenz geregelt. Mit einem zusätzlichen Einsteller kann das Maß der Dynamisierung gewählt werden. Steht er auf null, arbeitet das Gerät wie jeder andere parametrische EQ. Verändert man diesen Wert, reduziert sich der Verstärkungsfaktor je nach Programminhalt. Diese Funktionsweise erinnert an einen Multibandkompressor; der Unterschied besteht darin, dass hierbei die ausgewählte Frequenz in Abhängigkeit des Programms nicht komprimiert, sondern verstärkt wird.

Allgemeine Anwendungen

Bei der Bearbeitung von einzelnen Instrumenten ist der Einsatz eines dynamischen EQs sinnvoll, wenn sich das Frequenzspektrum im Lauf der Zeit verändert. Das geschieht zum Beispiel bei einem Bass. In einer Bass-Spur kann man sinnvoll eine tiefe Frequenz mit einem dynamischen Verstärkungsfaktor anheben. Immer wenn der „Wolf" (das ist eine störende Resonanzfrequenz) ertönt, setzt die Verstärkung aus.

Anwendungen im Mastering

Beim Mastering kann die dynamische Verstärkung sehr hilfreich sein. Möchte man 3.000 Hz um 4 dB anheben, um dem Gesamtsound etwas mehr Präsenz zu geben, stellt man die entsprechenden Parameter ein. Der EQ tut seine Arbeit bis zu dem Augenblick, an dem die verzerrte Gitarre anfängt zu „sägen". Der Pegel von 3.000 Hz ist im Original jetzt sprunghaft angestiegen, und der EQ stellt seine Arbeit augenblicklich ein. Mit dem Dynamik-Einsteller kann man entscheiden, ob die Verstärkung von 4 dB auf 2 dB reduziert wird oder ob die Verstärkung vollständig aussetzt.

Erfahrungen aus der Praxis

Im Mixdown oder Stem-Mastering stelle ich immer wieder fest, dass ein Instrument, das solo abgehört sehr gut klingt, im Gesamtklang oftmals nicht ideal funktioniert. Ich gehe davon aus, dass jeder einzelne Bestandteil eines Mixdowns seinen Platz im Song hat. Das betrifft das Panorama (links/rechts), den Frequenzumfang und den zugeordneten Reverb (virtuell vorn oder hinten). Wenn ich bei einer Rhythmus-Gitarre alle Frequenzen unterhalb von 150 Hz beseitige, wird sie für sich genommen dünn klingen. Im Mixdown jedoch funktioniert sie sehr gut, weil eben dieser Frequenzbereich vom Bass abgedeckt wird. Immer dann, wenn mehrere Instrumente in demselben Frequenzbereich spielen, werde ich mit einer Anhebung das Instrument, das in diesem Frequenzbereich sowieso das lauteste ist, weiter in den Vordergrund bringen.

In meiner Arbeit habe ich gelernt, dass es oftmals viel besser funktioniert, wenn ich eine Frequenz innerhalb des Spektrums reduziere, als eine andere (die eigentlich gewünschte Frequenz) anzuheben.

Außerdem erscheint es mir so, als würde es zusammengehörige Paare von Frequenzen geben. Ein solches Paar wird aus einer hohen und einer tiefen Frequenz gebildet. Klingt ein Titel zu dumpf, senke ich zunächst einmal 250 Hz ab, bevor ich 8.000 Hz anhebe. Wenn mir ein Titel sehr scharf erscheint, kann es sein, dass Bassfrequenzen fehlen. Ich nenne das den Yin-Yang-Effekt, weil für mich das eine zum anderen gehört.

Selbstverständlich habe ich mir die Frage gestellt, ob ein analoger oder ein digitaler EQ besser funktioniert. Die Antwort ist erwartungsgemäß: „Es kommt darauf an." Für jede einzelne Anwendung bleibt es mir nicht erspart, dieser Frage erneut nachzugehen. Wenn ich mir zum Ziel setze, den bestmöglichen Sound zu gestalten, komme ich um das Ausprobieren nicht herum. Mein Sortiment an Software ist mittlerweile immens, da ich bemüht bin, mich einigermaßen auf dem neuesten Stand der Technik zu halten. Dabei bieten solche Errungenschaften wie dynamische EQs zum Teil erstaunliche neue Anwendungsmöglichkeiten.

Um eine Tendenz zu formulieren: Ich kann musikalisch/akustisch-technische Probleme mittlerweile effizienter mit der richtigen Software lösen. Geht es jedoch darum, die Höhen glänzen zu lassen oder den Bass richtig zum Brummen zu bringen, ist ein analoger EQ für mich nach wie vor die bessere Wahl.

Persönliche Standards für die Bearbeitung von Instrumenten einer Rock-Pop Produktion

Kickdrum
60–90 Hz anheben, 250 Hz absenken, 3–5 kHz anheben.

Snaredrum
1–8 kHz anheben.

Hi-Hat
5–10 kHz anheben, Lo-Cut ab circa 500 Hz.

Toms
Je nach Größe ähnlich wie Kickdrum.

Overhead
Ähnlich wie Hi-Hat.

Bass
60–90 Hz anheben, darauf achten, dass keine Überlagerungen mit der Bassdrum entstehen.

E-Gitarren
Grundfrequenz circa 200 Hz absenken, Obertöne bei 2–3 kHz anheben.

Chorstimmen
Hochpassfilter ab 200 Hz, 3–8 kHz anheben.

Hauptgesang
Hochpassfilter ab 100 Hz, 3–8 kHz anheben.

8. Regelverstärker

Ein Regelverstärker ist ein Verstärker, dessen Verstärkungsfaktor von dem am Eingang anliegenden Signal abhängig ist. Zu den Regelverstärkern zählen: Kompressoren, Limiter, Expander, De-Esser und Noise-Gates. Ihre wichtigste Eigenschaft liegt nicht in der Verstärkung an sich, sondern es geht um die Steuerung des Signals in Abhängigkeit von den Ereignissen am Eingang.

Um ein Beispiel vorwegzunehmen: Ein De-Esser arbeitet nicht bis zu dem Moment, an dem ein „S"-Laut am Eingang anliegt. Der De-Esser wird als Reaktion auf das „S" einen genau festgelegten Frequenzbereich negativ verstärken, also reduzieren, und damit das scharfe „S" beseitigen.

Kompressor

Der Begriff „komprimieren" kommt aus dem Lateinischen und bedeutet „verdichten", „bündeln" oder „zusammenziehen". Ein Kompressor verdichtet die Musik, indem er an den lautesten Stellen eines Titels den Pegel reduziert, um im Gegenzug die Gesamtlautstärke um den entsprechenden Wert anheben zu können. Damit bleibt der Gesamtpegel gleich, jedoch wird mit diesem Vorgang die subjektiv wahrgenommene Lautstärke (Lautheit) erhöht.

Die Manipulation der ursprünglichen Dynamik eines einzelnen Instrumentes oder eines kompletten Musiktitels ist ein zentrales Thema innerhalb einer Musikproduktion, und sie ist auch eine „ethische Frage" beim Mastering.

Ein Kompressor hat folgende Parameter, die man beeinflussen kann: Threshold, Ratio, Attack, Release und Make-up-Gain.

Mit dem Threshold-Regler stellt man ein, ab welchem Pegel der Kompressor zu arbeiten beginnt. Bleibt das Programm unterhalb dieses Pegels, arbeitet der Kompressor nicht.

Mit dem Ratio-Regler legt man fest, wie stark die hohen Pegel reduziert werden. Seine Skala zeigt Verhältniswerte an. Wählt man den Wert 2:1, bedeutet es, dass oberhalb des Thresholds nur noch 1 dB am Ausgang anliegt, wenn am Eingang zuvor 2 dB gemessen wurden.

Attack: Jeder Ton hat eine Einschwingphase. Transient nennt man den ersten Impuls eines Klanges, wenn dieser eine nur sehr kurze Einschwingphase besitzt. Vor allem perkussive Instrumente wie die Trommeln eines Schlagzeugs, aber auch die angeschlagene Saite einer Gitarre erzeugen Transienten. Mit dem Attack-Regler eines Kompressors legt man fest, ob diese Transienten mit berücksichtigt werden sollen oder nicht. Einerseits sind sie für den Klang maßgeblich, andererseits haben sie einen sehr hohen Pegel, den man mit einem Kompressor eigentlich reduzieren möchte.

Mit dem Einsteller für den Release-Wert wird gewählt, wie lange die Reduzierung eines Pegels anhalten soll. Wenn die Release-Zeit sehr kurz ist, kann es sein, dass der Ton beim Ausklingen einen unnatürlichen Verlauf nimmt. Wenn man einen langen Release-Wert wählt, wird die lange Ausschwingzeit über den Attack des nächsten Impulses hinausgehen und damit zu hörbaren, meist unerwünschten Effekten führen. Es ist also sinnvoll, den Release-Wert nach dem Tempo der aufeinanderfolgenden Impulse abzustimmen.

Der Make-up-Gain ist der wichtigste Einsteller eines Kompressors. Durch das Reduzieren von lauten Passagen oder Impulsen innerhalb eines Titels wird es möglich, die Gesamtlautstärke zu erhöhen. Mit dem Make-up-Gain hebt man den Gesamtpegel um den Wert an, den einem das Reduzieren der lauten Passagen eingebracht hat. Manche Kompressoren besitzen die Option, diesen Vorgang zu automatisieren.

Kompressor/Limiter-Kennlinie:

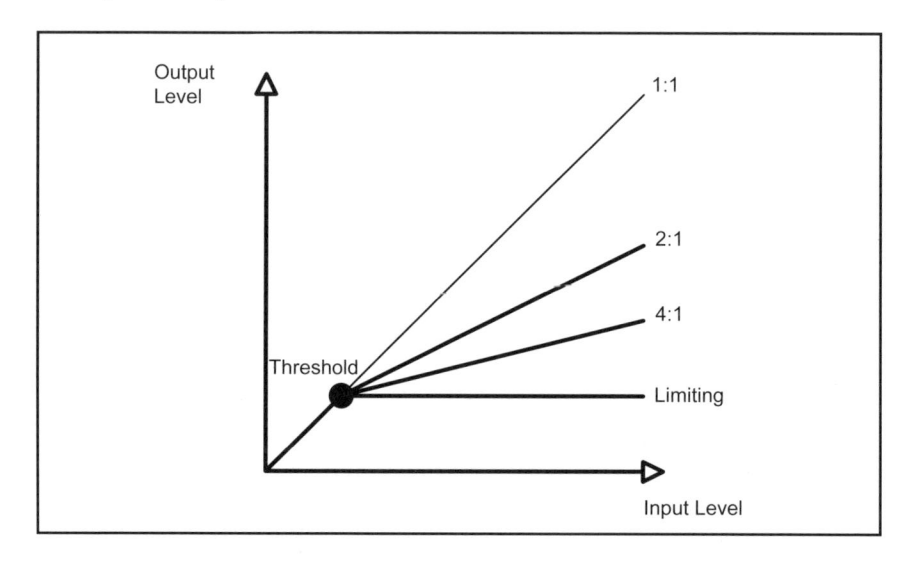

Im Gegensatz zum Kompressor überschreitet der Ausgangspegel eines Limiters einen festgelegten Wert keinesfalls.

Erfahrungen aus der Praxis

In meinem Setup für eine Mixdown-Session habe ich in jedem Kanal meines Logic-Mischpultes einen Kompressor. Vor allem bei handgespielten Instrumenten kann eine Kompression von 3–6 dB niemals schaden. Bei einer gesungenen oder gesprochenen Stimme sind 10–12 dB Reduktion üblich. Attack und Release sind hier recht unkritisch, da eine Stimme kaum Transienten erzeugt.

Wenn ich die Pegelspitzen beseitige und dadurch das komplette Programm um bis zu 12 dB anhebe, wird allerdings nicht nur das lauter, was ich nutzen möchte, sondern auch alle vorhandenen Nebengeräusche. Das kann ein Rauschen oder Rumpeln sein. Auf der Bassdrum-Spur mag die Hi-Hat Probleme bereiten. Bei einer Stimme sind es vielleicht die Atemgeräusche, Luftholer oder das Ticken einer Armbanduhr ...

Im Einzelfall kommt es darauf an, wie laut die Musik drumherum spielt. Wenn alles rockt, werden mich diese Geräusche nicht stören, da sie vom Gesamtklang verdeckt werden. Wenn nun aber eine musikalische Pause herrscht, ein Break, in dem alles still ist, dann kann es passieren, dass sich ein Schnaufer des Sängers als lauter erweist als der darauf folgende Gesang. Die technischen Optionen einer DAW (Digital Audio Workstation) ermöglichen mir in einem solchen Fall, den Threshold des Kompressors auf einen niedrigeren Wert zu programmieren. Beginnt die ganze Band wieder zu spielen, kann der Threshold auf den ursprünglichen Wert zurückspringen. Bei so einer Anwendung ist die dynamisch programmierbare Software der Hardware eindeutig überlegen.

Side-Chain-Kompressor

Viele Kompressoren bieten mit einem zusätzlichen Sidechain-Eingang die Möglichkeit, den Moment, in dem das Gerät zu arbeiten beginnt, durch eine externe Signalquelle zu steuern. Damit erhält ein Kompressor weitere Anwendungsmöglichkeiten.

Genutzt wird der Side-Chain-Kompressor etwa im French House. Als Trigger-Signal legt man die Bassdrum auf den Sidechain-Eingang. Wenn man nun zum Beispiel einen Bass durch einen Sidechain-Kompressor schickt, wird sein Pegel immer dann reduziert, wenn die Bassdrum spielt. Damit verlagert sich die Betonung des Basses auf die Zwischenzeiten zwischen den Vierteln, welche die Bassdrum spielt. Durch den relativ unsanften Eingriff entsteht ein deutlich hörbares Pumpen. Oftmals wird in dieser Musik nicht nur der Bass von der Bassdrum gesteuert, sondern das ganze Playback. Der komplette Titel „atmet" dann im Viertel-Rhythmus der Bassdrum.

Erfahrungen aus der Praxis

Ich setze die Sidechain-Option gern in abgeschwächter Form im Mixdown ein. Wenn es einen Synthesizer gibt, der eine Gesangsstimme begleitet, lasse ich diese Begleitung durch einen Sidechain-Kompressor laufen und steuere ihn durch die Stimme. Immer dann, wenn der Gesang beginnt, wird die Begleitung um maximal 3 dB im Pegel reduziert. Das gibt der Stimme mehr Durchsetzungskraft und dem Playback mehr Dynamik. Auf diese Weise kann ich ganz grundsätzlich für die Ereignisse, die ich im Vordergrund hören möchte, im Playback Platz schaffen. Eine Pegelreduktion dieser Art sollte jedoch im Einzelnen unhörbar sein, da andernfalls ein unangenehmes Pumpen auffallen würde.

Kompression im Mastering

Neben dem Equalizer ist der Kompressor das wichtigste Werkzeug in einer Mastering-Session. Er wird nicht nur verwendet, um die Lautheit zu erhöhen, sondern auch um Einfluss auf die Lautstärkeverhältnisse der einzelnen Instrumente zueinander zu nehmen. Oftmals ist der Mixdown nicht perfekt, weil einzelne Töne des Basses dröhnen oder weil die Stimme an manchen Stellen zu laut ist. Mit einem Kompressor kann man solche überlauten Elemente ins Playback zurückholen, wenn die hörbar lautesten Stellen auch den höchsten Pegel generieren. Das ist allerdings nicht immer der Fall (siehe das Kapitel „Psychoakustik").

Der Compressor-Limiter-Maximizer WAVES MAXX-BCL.

Parallel-Kompression

Erfahrungen aus der Praxis

Seitdem ich den Beruf des Mastering-Engineers ausübe, höre ich immer wieder von besonderen Tricks, die sich ein Kollege ausgedacht hat, um einen ungewöhnlichen Sound zu gestalten oder um besonders hohen Druck zu erzeugen, oder, oder ... Einer dieser Tricks ist unter den Namen „Parallel-Kompression", „Motown-Trick" oder „New-York-Drums-Trick" bekannt. Und so funktioniert er:

Man bilde eine Subgruppe mit allen Schlagzeug-Spuren und lasse diese durch einen Kompressor laufen. Dabei darf es schon eine Kompression von 10 dB bis maximal 15 dB sein. Einerseits wird das Schlagzeug dabei kräftig verdichtet, andererseits gehen einige der wichtigen Transienten verloren. Die Subgruppe lasse ich nun parallel zu dem unkomprimierten Schlagzeug laufen.

Auf diese Weise erhalte ich erstens einen stark verdichteten Schlagzeugsound, zweitens bleiben aber gleichzeitig die wertvollen Transienten, die für die Transparenz und Durchsetzungskraft des Schlagzeugs sorgen, erhalten. Mit der Lautstärke der komprimierten Subgruppe kann ich nun experimentieren, bis das Ergebnis auch im Zusammenklang mit allen anderen Instrumenten am besten funktioniert. Eines ist dabei allerdings unerlässlich: Die Spuren müssen absolut phasenrein zueinander sein. Gibt es nur kleinste Phasenverschiebungen, kommt ein vollständig unbrauchbares Ergebnis zustande. Ich prüfe das, indem ich als Test die Phase der kompletten Subgruppe um 180 Grad drehe. Es wird sicherlich keine Stille herrschen, jedoch sollten zumindest die tiefen Frequenzen vollständig verschwinden.

Multiband-Kompressor

Aufbau und Funktion

Der Multiband-Kompressor stellt in seinem Aufbau und seiner Funktion eine Mischung aus einem Kompressor und einem Equalizer dar. Das Frequenzspektrum ist auf drei oder vier Bänder aufgeteilt. Es besteht mit diesem Gerät die Möglichkeit, die Komprimierung für jedes Band individuell zu wählen. Dafür stehen die bekannten Parameter wie Threshold, Ratio, Attack und Release für alle Bänder zur Verfügung. Zusätzlich sind die Grenzfrequenzen, die für das Trennen der Bänder sorgen, veränderbar. Am Ausgang eines jeden Bandes befindet sich ein Pegelsteller, der dem Make-up-Gain eines herkömmlichen Kompressors entspricht. Somit hat man einen Einsteller für die unteren Frequenzen, einen für die unteren Mitten, einen für die oberen Mitten und einen für die hohen Frequenzen. Diese Make-up-Gain-Einsteller entsprechen damit einem vierbändigen Equalizer.

Multiband-Kompressor Tube-Tech SMC 2B.

Es existieren nur sehr wenige Hardware-Geräte dieser Art (zum Beispiel Tube-Tech SMC 2B, siehe Bild Seite 103). Es gibt jedoch eine ganze Reihe von Softwareherstellern, die entsprechende Programme anbieten.

Allgemeine Anwendungen

Die Anwendungen für einen Multiband-Kompressor sind sehr vielseitig. Durch die Möglichkeit, gezielt ein einzelnes Frequenzband zu komprimieren, kann man das Gerät sowohl bei der Bearbeitung von Einzelspuren als auch im Mastering sehr gut einsetzen.

Wenn man ein Problem mit einer zu lauten Frequenz innerhalb eines Instruments hat, lässt sich diese Frequenz mit einem Multiband-Kompressor dynamisch unter Kontrolle bringen. Das funktioniert meist effektiver, als diese Frequenz mit einem EQ einfach abzusenken, da die Kompression in Abhängigkeit des Programms gesteuert wird. Bläser, Gitarren, Bässe und Stimmen besitzen oftmals einzelne Töne beziehungsweise Frequenzen, in denen sie ganz besonders laut klingen. Mit einem Multiband-Kompressor kann man diese Frequenzen gezielt reduzieren. Somit ist ein Multiband-Kompressor eher geeignet, um ein gewünschtes Klangbild zu formen, als dass man mit ihm nur die Lautheit erhöht.

Anwendung im Mastering

Der Multiband-Kompressor bietet vielseitige Möglichkeiten. Durch die Kompression einzelner Frequenzbänder kann man leise Sounds weiter in den Vordergrund bringen. Außerdem lassen sich Resonanzfrequenzen gezielt beseitigen und der Gesamtklang umgestalten.

Erfahrungen aus der Praxis

Der Tube-Tech-Röhren-Multibandkompressor ist mein Lieblingsgerät. Damit bringe ich Ordnung in den Gesamtsound. Ich komprimiere den Subbass ein wenig, hebe den Pegel für das untere Band wieder an und komprimiere den mittleren Frequenzbereich, um die Lautstärke der Stimme zu kontrollieren, indem ich den Pegel für das mittlere Band wieder anhebe. Wenn die Stimme im Original zu laut war, belasse ich den reduzierten Pegel. In jedem Fall versuche ich, den Sound durch das Verändern der Grenzfrequenz zwischen den beiden Bändern zu optimieren.

Die hohen Frequenzen komprimiere ich etwas, um die Hi-Hat und die Becken zu entschärfen. Nur sehr selten gehe ich weiter als 3 dB in die Kompression. Wenn das notwendig sein sollte, liegt ein eklatantes Missverhältnis in der ursprünglichen Balance der Instrumente vor.

Mit der Izotope-Ozone-Software besteht die Möglichkeit, über die einzelnen Bänder im M/S-Verfahren ausschließlich einen Frequenzbereich aus dem Mittenkanal zu komprimieren. Damit kann ich beispielsweise die Stimme in der Mitte komprimieren und gleichzeitig die gedoppelten Gitarren an den Seiten so belassen, wie sie sind. Mit solch einem Werkzeug habe ich viele Optionen, den Sound zu gestalten und umfassenden Einfluss auf das gesamte Klangbild zu nehmen.

Limiter

Aufbau und Funktion

Prinzipiell ist der Limiter ein Kompressor mit einer festgelegten Ratio von 1 : ∞. Alle anderen Parameter entsprechen denen des Kompressors. Bei manchen Geräten sind die Einstellungen für Attack und Release außerdem nicht frei wählbar, sondern es gibt vorgegebene Presets zur Auswahl.

Ein analoger Limiter ist nicht mit einhundertprozentiger Sicherheit in der Lage, sehr kurzzeitige Impulse zu beseitigen. Es bleiben vereinzelte Pegelspitzen übrig, die zu Übersteuerungen führen können.

Mit der Erfindung des digitalen Limiters kamen Erlösung und Unheil gleichzeitig in die Musik. Der Brick-Wall-Limiter ermöglicht es, einen beliebig hohen Pegel an seinen Eingang anzulegen, ohne dass am Ausgang der Wert von 0 dBFS überschritten wird. Dies ist durch die sogenannte Vorwärts-Regelung (engl.: Look Ahead) möglich. Das Gerät verzögert das Signal um circa 0,2 Sekunden und nimmt sich damit die Zeit, im Voraus zu schauen, welche Pegelspitzen folgen werden. So kann der Verstärker im Voraus den Pegel um den zu erwartenden Wert reduzieren.

Allgemeine Anwendungen

Es gibt eine ganze Reihe von Anwendungen, bei denen es ausschließlich darum geht, einen festgelegten Spitzenpegel nicht zu überschreiten. Beim Rundfunk darf ein Maximum nicht überschritten werden, um die Bandbreite einzuhalten. In der Beschallungstechnik wird mit einem Limiter die Überlastung von Verstärker und Lautsprechern vermieden, um Verzerrungen oder gar einer drohenden Zerstörung der Anlage vorzubeugen. In Diskotheken oder auf Konzerten setzt man Limiter zum Schutz vor zu hohem Schalldruck ein.

In einer Musikproduktion werden Limiter ähnlich wie Kompressoren eingesetzt, um die Lautheit einzelner Instrumente oder Instrumenten-Gruppen zu erhöhen und gleichzeitig den Pegel unter Kontrolle zu halten. Kaum ein Instrument kommt ohne eine Reduzierung seiner ursprünglichen Dynamik aus. Vor allem die Stimme, die Gitarre, der Bass und das Schlagzeug können sich ohne Kompression und/oder Limiting im Mix nicht durchsetzen.

Verwendung beim Mastering

Der digitale Limiter bildet beim Mastering das letzte Glied einer Kette von Geräten, mit denen man den Klang eines Titels gestaltet. Die Möglichkeit, mit ihm einen beliebig hohen Pegel auf einen fixen Wert von 0 dBFS zu zwingen, ist gleichermaßen Fluch wie Segen. Mit einem digitalen Limiter im Rücken ist es kein Problem, frei nach Wunsch Bässe und Höhen anzuheben und den Sound nach Belieben zu formen, ohne Verzerrungen zu riskieren. Das ist zunächst einmal eine wunderbare und befreiende Tatsache. Als Folge dieser neuen Möglichkeit besteht bei einer Musikproduktion und in der Musikindustrie die wahnwitzige Furcht, dass der selbst produzierte Titel leiser sein könnte als irgendein anderer Titel auf der Welt. Damit sieht sich der Mastering-Ingenieur in der Pflicht, einen Titel so zu mastern, dass er möglichst noch ein kleines bisschen lauter ist als alles zuvor Gehörte (Lautheitswahn). Etwaige ästhetische Anforderungen an den Sound werden oftmals arg vernachlässigt.

Erfahrungen aus der Praxis

Als ich mit dem Mastering 1988 begann, waren die meisten Musikschaffenden in meinem Umfeld sehr glücklich über die Einführung der Audio-CD. Endlich bekam man den Sound genauso auf den Tonträger, wie man ihn produziert hatte. Zuvor ging ein erheblicher Anteil der Soundqualität durch die Unzulänglichkeiten des Vinyl-Schnitts und des Mediums Schallplatte an sich verloren. Der einzige Wermutstropfen der Digitaltechnik war die absolute Grenze des digitalen Pegels von 0 dBFS.

Die Lautheit jedes Titels wurde durch den Peak an seiner lauteste Stelle bestimmt. War die einzige Pegelspitze eines Stücks vielleicht 20 dB lauter als der übrige Teil des Songs, musste der komplette Titel 20 dB leiser auf die CD. So war die Arbeit des Masterings auf das Aneinanderreihen der Titel eines Albums und das Bestimmen der Pausen beschränkt. Wollte ich den Sound etwas optimieren, gab es sofort Probleme mit dem Pegel. Kein analoger Limiter war in der Lage, die schnellen Peaks (Transienten) zu beseitigen, um Overloads zu vermeiden. Mein erster digitaler Limiter, der Juenger D001, war eine Quelle großer Freude, da ich endlich die Lautstärken der Titel so anpassen konnte, wie es der Musik am gerechtesten wurde.

Da ich für Sony Music sehr viele Compilations („Kuschelrock" etc.) zu mastern hatte, bei denen die unterschiedlichsten Titel aneinandergereiht wurden, war der D001 eine echte Hilfe. Meine erste Begegnung mit dem sogenannten Lautheitswahn stellte ein Album dar, auf dem ein Titel von Oasis enthalten sein sollte. Dieses Stück war so viel lauter als alles andere, was ich je gehört hatte, dass ich den Titel um 6 dB (halbe Lautstärke) reduzieren musste, um ihn auf die Lautheit aller anderen Songs zu bringen. Die Anzeige des Level-Meters bewegte sich bei diesem Stück nicht mehr, sondern sie klebte am oberen Rand. Der dazugehörige Sound war für mich nur mit dem Wort Lärmbelästigung zu beschreiben. Das hatte nichts mehr mit Musik zu tun.

Weniger später passte sich die Popmusik in ihrer Gänze diesem wahnwitzigen Level an. Erst sehr langsam erkannte der eine oder andere Musikproduzent, dass es kein Vergnügen ist, ein komplettes Album mit einer Dynamik von weniger als 1 dBFS zu hören. Nun war und bin ich über jeden Kunden froh, der sich ein Mindestmaß an Dynamik für seine Produktion erhalten möchte.

Wie ich in dem Kapitel über Psychoakustik beschrieben habe, ist das menschliche Gehör für Frequenzen zwischen 1.000 und 3.000 Hz erheblich empfindlicher als für die Frequenzen, in denen beispielsweise eine Bassdrum erklingt.

So ist etwa ein Titel, der nur aus Gesang und Gitarre besteht, sehr viel lauter als ein Techno-Titel, der nur eine Bassdrum, eine Hi-Hat und ein paar Geräusche enthält. Ein Kompressor beziehungsweise Limiter komprimiert die Instrumente des Mixdowns, die den höchsten Pegel geben. Das sind mitnichten die Instrumente, die man am lautesten hört. Wenn ich diesen Techno-Titel komprimiere, arbeitet der Kompressor ausschließlich an der Bassdrum, da sie allein den höchsten Pegel generiert. Damit beseitige ich aber das, was oftmals am wichtigsten ist – den Subbass. Daraus folgt: In der Clubmusik sollte man mit dem Kompressor und Limiter nur sehr behutsam arbeiten, um nicht das Kind mit dem Bade auszuschütten. Dadurch bleibt ein Techno-Titel in seiner Lautheit geringer als ein Popsong, der nur aus einer Gitarre und einer Stimme besteht.

De-Esser

Ein De-Esser ist ein Kompressor, der mit einem einzelnen Band schmalbandig Frequenzen reduziert oder annähernd unterdrückt. Die entscheidenden Frequenzen liegen zwischen 2.000 und 12.000 Hz. Das Gerät dient dazu, die scharfen „S"-Laute, die bei der Aufnahme von Stimmen häufig stören, zu entschärfen. Der Grad der Reduzierung ist frei wählbar.

De-Esser im Mastering

Wenn im Mixdown versäumt wurde, einen De-Esser für die Stimme einzusetzen, kann man das beim Mastering nachholen. Wurde im Mix schon einmal ein De-Esser verwendet, zeigt sich jedoch meist, dass das Problem auch durch eine doppelte Reduktion nicht beseitigt werden kann. Beim Mastering besteht zusätzlich die Schwierigkeit, dass eventuell auch die gewählte Frequenz bei einem anderen Instrument reduziert wird. Das betrifft meist die Hi-Hat, manchmal die Snaredrum. So ist ein De-Esser andererseits auch dazu geeignet, im Mixdown eine zu dominante Hi-Hat zu reduzieren.

Erfahrungen aus der Praxis

Das De-Essen ist ein Bestandteil meiner täglichen Arbeit. Am effektivsten ist es, Probleme mit den „S"-Lauten im Mixdown zu beseitigen, da man hier Zugriff auf den Sound der einzelnen Stimme hat.

Schwierig wird es bei einer Dopplung der Hauptstimme. Das Ausmaß der „S"-Laute hängt oftmals vom Text ab. Idealerweise singt nur eine der beiden Stimmen die „S"-Laute und die zweite Stimme unterdrückt sie. Das funktioniert am besten, wenn das „S" am Ende eines Wortes steht (was man sich natürlich nicht aussuchen kann). Ähnliches gilt für die Chorstimmen. Treffen mehrere Stimmen aufeinander, ist es unvermeidlich, dass die „S"-Laute ein kleines bisschen gegeneinander versetzt sind. Das lässt sie breiter und auffälliger klingen. Nicht selten hört sich das an wie eine Verzerrung. Alternativ kann man sich hinsetzen und einzelne „S"-Laute in der Dopplung muten. Je nach Text ist das unter Umständen sehr zeitraubend.

Ich besitze beim Mastering ein weiteres Tool, um das Problem der „S"-Laute zu beseitigen. In einem speziellen Audio-Editier-Programm kann ich die optische Wellendarstellung als Spektral-Analyse wählen. Vergrößere ich nun den Bereich, der die Problemstelle enthält, werde ich eine prägnante Einfärbung genau des „S"-Lautes finden. Markiere ich diese Stelle, kann ich sie einzeln de-essen, filtern oder im Pegel reduzieren. Das funktioniert sehr gut, nimmt aber eventuell mehrere Stunden Zeit in Anspruch.

Noisegate

Das Wort „Gate" kommt aus dem Englischen und bedeutet „Tor". Ein Noisegate dient dementsprechend gewissermaßen dazu, ein Tor für Musik zu öffnen und für störende Geräusche zu schließen. Es unterscheidet gute Signale von schlechten mit Hilfe des Pegels, der an seinem Eingang anliegt. Als Störgeräusche gelten dem Noisegate Signale, die einen geringeren Pegel aufweisen als das Nutzsignal.

Der Threshold-Einsteller des Gates dient dazu, den Pegel der Schwelle zu definieren. Des Weiteren gibt es einen Einsteller für die Attack-Zeit, der bestimmt, wie steilflankig sich das Gate öffnet; außerdem verfügen Noisegates über einen Hold-Parameter, mit dem bestimmt wird, wie lange das Gate geöffnet bleibt, nachdem der Threshold überschritten wurde. Ferner findet sich ein Einsteller für die Release-Zeit, über den man festlegt, wie langsam sich das Gate wieder schließt. Zusätzlich gibt es einen Einsteller für die Reduction. Damit ist es möglich, einen kleinen Anteil des Pegels trotz geschlossenem Gate zuzulassen. Dieser Einsteller wird auch Ratio oder Range genannt. Einige Noisegates besitzen einen zusätzlichen Side-Chain-Eingang. Damit kann man das Öffnen des Gates durch ein externes Signal steuern.

Allgemeine Anwendungen

Sehr häufig wird das Noisegate für die Toms eines Schlagzeugs verwendet. Ziel ist es, alle unbeabsichtigten Sounds von der Tom-Spur oder dem entsprechenden Mischpultkanal zu beseitigen. Nach Möglichkeit sollte man auf der Spur für das Stand-Tom nur diese Trommel hören und nicht die Bassdrum, Snaredrum oder die Hi-Hat. Das unerwünschte Übersprechen der anderen Instrumente nennt man Crosstalk.

Störend sind die nicht erwünschten Sounds vor allem, wenn man das Tom mit einem zusätzlichen Reverb versehen möchte. In einer Musikproduktion wird man außerdem Gesangsspuren säubern, auf denen beispielsweise das Übersprechen des Metronom-Klicks oder des Playbacks zu hören ist. Spuren, auf denen ein brummender oder rauschender Gitarrenverstärker zu hören ist, werden mit einem Noisegate so lange stumm bleiben, bis der Gitarrist richtig loslegt. Überdies kann man ein Gate auch verwenden, um die Hüllkurve eines Instrumentes zu verändern.

Erfahrungen aus der Praxis

Es gibt einige Gründe, warum ich auf den Einsatz eines Noisegates nach Möglichkeit verzichte. Zunächst einmal ändert sich der Gesamtklang des Schlagzeugs jedes Mal, wenn sich das Gate eines der Toms öffnet. Bedingt durch den Crosstalk nimmt jedes Mikrofon nicht nur den Sound auf, für den es bestimmt ist, sondern es überträgt das komplette Schlagzeug. Der Gesamtklang wird also aus der Summe aller Mikrofone gebildet. Schaltet man nun einige dieser Mikros an und aus, ändert sich damit jedes Mal auch der Gesamtklang. Wie stark dieser Effekt zutage tritt, hängt von den Lautstärkeverhältnissen ab. Der zweite Grund liegt darin, dass der Threshold sehr schwer einzustellen ist, da die Crosstalk-Sounds teilweise lauter sein können als das Nutzsignal selbst. Ist der Threshold zu hoch, gehen leise Schläge auf das Tom verloren, ist der Threshold zu niedrig, geht das Noisegate des Öfteren auf, wenn es eigentlich geschlossen bleiben sollte. Daher ist es empfehlenswert, Noisegates nicht bei der Aufnahme zu verwenden.

Anwendungen im Mastering

In einer Mastering-Session wird man nur sehr selten ein Noisegate einsetzen. Verwenden wird man es ausschließlich beim Stem-Mastering für einzelne Spuren (beispielsweise für eine Gesangsspur).

Expander

Das Wort „expand" kommt aus dem Englischen und bedeutet „dehnen": Wie schon sein Name sagt, wird dieses Gerät oder Plug-in verwendet, um die Dynamik eines Instrumentes oder kompletten Mixdowns zu dehnen, sprich: zu erhöhen. Der Expander bildet damit das Gegenstück zum Kompressor. Er besitzt genau wie ein Kompressor Einsteller für Threshold, Attack, Release und Gain. Der Unterschied besteht darin, dass oberhalb des Thresholds der Pegel nicht reduziert, sondern verstärkt wird.

Allgemeine Anwendungen

Es ist möglich und üblich, einen Expander anstelle eines Noisegates einzusetzen. In dem Moment, in dem das Tom zu spielen beginnt, wird mit einem Expander die Lautstärke des Toms künstlich erhöht. Damit wird der Pegelunterschied zum Crosstalk erhöht.

Kompander

Der Vollständigkeit halber ist auch der Kompander zu erwähnen. Dieser Begriff setzt sich aus den Worten „Kompressor" und „Expander" zusammen. Tatsächlich ist dieses Gerät beziehungsweise dieses System eine Kombination beider Signalprozessoren. Ein Kompander wird zur Rauschunterdrückung verwendet. Zunächst einmal komprimiert er das Signal. Nach Absolvierung einer Übertragungsstrecke, wie zum Beispiel einer Tonbandmaschine, wird das Signal mit der umgekehrten Kennlinie wieder expandiert. Bekannt ist dieses System beispielsweise als Dolby-Rauschunterdrückung. Auf diese Weise wird das Verhältnis vom Nutzsignal zum Rauschen verbessert. Dieses Verhältnis bezeichnet man als den „Störabstand" (Signal to Noise Ratio).

Erfahrungen aus der Praxis

Da ich oft Tape-Mastering betreibe, kommt bei mir ein Kompander-System (Telcom-Rauschunterdrückung) im Zusammenspiel mit meiner Studer-Bandmaschine zum Einsatz.

9. Verzerrungen

Die Bestandteile eines Tonstudios kann man in vier Gruppen unterteilen:

1. Schallwandler (Mikrofone, Lautsprecher)
2. Verstärker (Vorverstärker, Endstufen, Impedanzwandler, Equalizer, Kompressoren, Limiter, Effektgeräte)
3. Speicher (analoge und digitale Bandmaschinen, Computer-Festplatten)
4. Kabel

Mit Ausnahme der digitalen Speicher erzeugen all diese Bestandteile in unterschiedlichem Maße Verzerrungen. Letztere entstehen unweigerlich bei jeglicher Art von Übertragung.

Grundsätzlich versteht man unter einer Verzerrung in der Audiotechnik die Veränderung beziehungsweise Manipulation eines Originalsignals. Verzerrungen können beabsichtigt oder unbeabsichtigt entstehen. Man unterscheidet außerdem zwischen linearen und nichtlinearen Verzerrungen.

Lineare Verzerrungen

Bei linearen Verzerrungen differenziert man wiederum zwischen *Laufzeitverzerrungen* und *Amplitudenverzerrungen*. Im Gegensatz zu nichtlinearen Verzerrungen entstehen bei linearen Verzerrungen keine zusätzlichen Frequenzen beziehungsweise Obertöne.

Laufzeitverzerrungen

Laufzeitverzerrungen entstehen in jeder Übertragungskette. Ein Signal kommt immer später am Empfänger an, als es gesendet wurde. Wird das komplette Frequenzspektrum gleichermaßen zeitlich versetzt, ist das Problem meist irrelevant. Eine Ausnahme bilden die Latenzprobleme bei der Arbeit mit Computern. Die Bearbeitungszeit, die ein DSP (Digital Signal Processor) benötigt, um Audiodaten zu verarbeiten, kann je nach Prozessorleistung und Qualität der Audiokarte bis zu mehrere hundert Millisekunden betragen. Wenn ein Musiker bei der Aufnahme sein Instrument oder seine Stimme durch den Rechner hört, wird er die Verzögerung als störend empfinden.

In der analogen Audiotechnik kommt es zu Problemen, wenn mehrere Signale mit unterschiedlichen Verzögerungen zusammengeschaltet werden. Laufzeitverzerrungen, bei denen die Verzögerung kürzer als die Periodendauer einer einzelnen Schwingung ist, nennt man Phasenverzerrung oder Phasenverschiebung.

Werden in einer Übertragungskette verschiedene Frequenzbänder unterschiedlich stark verzögert, kann es zu hörbaren Effekten kommen. Ich unterscheide zwei verschiedene Gruppen von Verursachern. Zum einen erzeugen einzelne Baugruppen in der Elektronik Laufzeitverzerrungen, zum anderen entstehen Laufzeitverzerrungen unter bestimmten Bedingungen in der Akustik.

In einer Verstärkerstufe kommt es aufgrund der Spezifikationen bestimmter Bauteile zu unterschiedlichen Laufzeiten für hohe und tiefe Frequenzen. Ein bekanntes Beispiel hierfür ist das sogenanntes R-C-Glied. Es besteht aus der Kombination von einem Kondensator und einem elektrischen Widerstand. Ein solches R-C-Glied ist beispielsweise der Hauptbestandteil eines Equalizers. Es verschiebt die Phasenlage von hohen zu tiefen Tönen innerhalb eines Audiosignals. Hörbar ist dies nur in Extremfällen. Relevant wird es, wenn sich viele kleine Laufzeitverschiebungen addieren. Einzelheiten dazu sind im Kapitel „Equalizer" beschrieben.

Beschäftigt man sich mit den akustischen Aspekten der Tonstudiotechnik, stößt man sehr häufig auf Phänomene, die Laufzeitverzerrungen hervorrufen. Phasenauslöschungen machen sich besonders bei tieffrequenten Signalen störend bemerkbar.

In einem grafischen Beispiel haben wir zwei Sinustöne mit einer Frequenz von 50 Hz und gleich großer Amplitude um 10 Millisekunden gegeneinander verschoben. Das entspricht exakt einer 180-Grad-Phasenverschiebung. Die eine Schwingung ist im linken Kanal des Stereobildes platziert, die andere rechts. Schaltet man nun das Signal auf mono, werden die beiden Schwingungen addiert. Zum Wellenberg der einen Sinuswelle fügt sich ein Wellental der anderen Sinuswelle. In diesem Falle löschen sie sich beide komplett aus. Die Summe ist null. Stille!

Phasenauslöschung

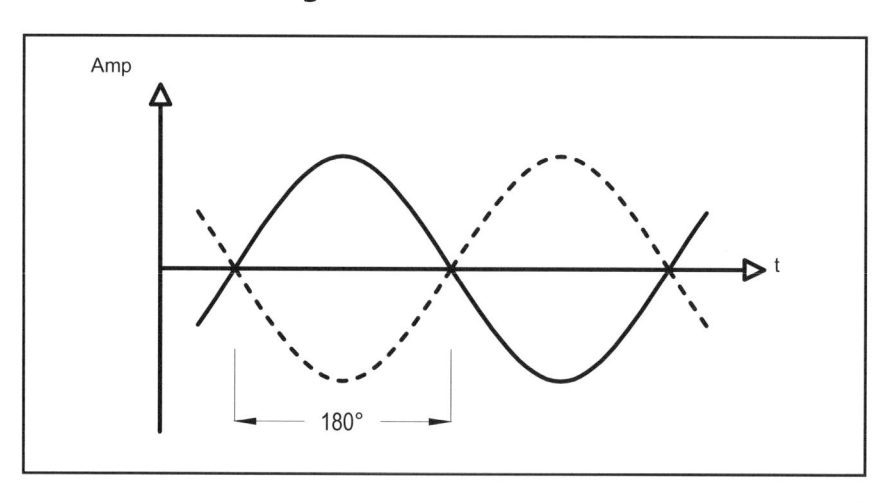

So sieht eine 180-Grad-Phasenauslöschung grafisch dargestellt aus.

Weil es in der Musik praktisch keine reinen Sinustöne gibt, und da eine Phasenverschiebung von exakt 180 Grad niemals vorkommen wird, handelt es sich bei obigem Beispiel um ein rein theoretisches. Bei einer Wellenlänge von mehreren Metern für tiefe Frequenzen (6,80 m bei 50 Hz) kann man sich sehr gut vor Augen führen, dass sich das Phänomen von Phasenauslöschungen eklatant ändert, wenn man sich beispielsweise einen Meter weiter von der Schallquelle entfernt.

Wenn man eine Schallquelle mit zwei oder noch mehr Mikrofonen aufnimmt, kommt es zu Phasenauslöschungen, da der Schall unterschiedliche Laufzeiten zu den verschiedenen Mikrofonen benötigt. Es entstehen Interferenzen, wenn man die Signale der Mikrofone zusammenschaltet. Löschen sich die Schallwellen aus, spricht man von destruktiven Interferenzen, addieren sich die Schallwellen, nennt man es konstruktive Interferenz. In beiden Fällen kommt es zu einer Verfremdung des Originalklanges. In der Akustik spricht man von Kammfiltereffekten.

Das Frequenzspektrum eines Instrumentes, zum Beispiel einer akustischen Gitarre oder eines Flügels, das mit zwei Mikrofonen abgenommen wird, kann durch Kammfiltereffekte starke Verfremdungen erfahren. Entscheidend ist das Lautstärkeverhältnis beider Mikrofone zueinander. Sind sie gleich laut, ist der Effekt am stärksten. Befindet sich ein Mikrofon zum Beispiel einen Meter weiter entfernt von einer Schallquelle als ein anderes, so ergibt sich eine Laufzeitdifferenz von 0,029 Sekunden.

Geradezu klassisch ist dieses Problem bei der Aufnahme eines Klaviers oder eines Flügels. Das Problem entsteht wie folgt: Es ist üblich, dass ein Mikrofon für den Bass und eines für den Diskant eingesetzt wird. Da nun beide Mikros nicht nur den Bereich, für den sie bestimmt sind, aufnehmen, sondern das gesamte Spektrum des Flügels, kommt es zu Phasenauslöschungen durch unterschiedliche Laufzeiten der beiden Signale. Weil der Schall sehr langsam ist, werden schon geringe Laufzeitunterschiede zum Problem. Um dies zu verdeutlichen, stellen wir uns eine einzelne Basssaite eines Flügels vor. Wird sie angeschlagen, nehmen beide Mikrofone den entstehenden Ton auf. Nun haben diese beiden Mikrofone aber einen unterschiedlichen Abstand zu der klingenden Saite. Nehmen wir an, das Mikrofon, das eigentlich für die Aufnahme des Diskant bestimmt ist, befindet sich einen Meter weiter entfernt von der klingenden Saite als das Mikro für die Aufnahme das Basses. Der Schall benötigt etwas länger zum Diskant-Mikrofon. Im Mischpult kommen nun die Signale beider Mikrofone zusammen. In der Art des Klanges sind beide fast identisch, schließlich haben sie denselben Klang aufgenommen, aber sie sind zeitlich etwas gegeneinander verschoben.

Anzunehmen ist, dass man nun das Panorama des einen Mikrofons nach links und das des anderen nach rechts stellt. Damit ist das Problem eigentlich beseitigt. Wenn sich nun ein Zuhörer genau in der Mitte der Lautsprecherboxen befindet, die den Pianoklang wiedergeben, wird er zumindest bei den tiefen Tönen hören, dass es Phasenauslöschungen gibt. Schaltet man nun dieses Stereo-Signal auf mono, addieren sich die beiden leicht versetzten Signale aufeinander. Jetzt kommt es zu Auslöschungen einzelner Frequenzen. Im Vergleich mit einer Aufnahme desselben Instruments mit nur einem Mikrofon wird ein geringerer Bassanteil zu hören sein.

Wie gravierend die Auslöschungen sind, hängt von dem Verhältnis der Lautstärke beider Signale ab. Je größer der Unterschied der Lautstärke ist, desto geringer wird das Problem. Sind beide Signale etwa gleich laut, entstehen Kammfiltereffekte. Das menschliche Ohr wird einen solchen Kammfiltereffekt als eine veränderte Klangfarbe empfinden. Bekannt ist, dass das menschliche Ohr für Laufzeitverzerrungen bzw. Phasenverzerrungen sehr viel unempfindlicher ist als zum Beispiel für Amplitudenverzerrungen. Aber das Ohr kann die entstehenden Fehler sehr wohl wahrnehmen. Um sie zu identifizieren, bedarf es nur etwas Übung.

Um zu erfahren, wie sich eine Phasenauslöschung in einem komplexen Signal auswirkt, kann man versuchsweise bei einer seiner Lautsprecherboxen die Polung tauschen. Die Membran eines Lautsprechers schwingt um einen Ruhepunkt. Wenn nun die Polung einer Box vertauscht wird, hat das zur Folge, dass die Membran der einen Box bei einem Signal nach außen geht und bei der andern Box nach innen, was zur Folge hat, dass die eine Box einen Schallüberdruck erzeugt und die andere einen Schallunterdruck. Das kann man hören. Man bekommt dann den Eindruck, als wäre die Basswiedergabe erheblich schwächer.

Erfahrungen aus der Praxis

1988 begann ich in Frankfurt in einem Tonstudio als Assistent, Kaffeekocher, Pizzaholer und Techniker. Das Studio war für audiophile Aufnahmen eingerichtet. Es hatte einen großen Aufnahmeraum mit einem Flügel und einen Regieraum mit eingemessener Studioakustik. Wir haben dort viele Jazz- und Rockbands aufgenommen und produziert. In Recording-freien Zeiten stand mir das Tonstudio oft für eigene Sessions und tontechnische Experimente zur Verfügung.

Viele meiner Kenntnisse und Erfahrungen habe ich mir dort angeeignet. Bei Aufnahmen unseres Flügels konnte ich viele Varianten ausprobieren, um einerseits den Klang des Instruments möglichst optimal zu erfassen und anderseits die entstehenden Phasenverschiebungen durch Polymikrofonie möglichst gering zu halten. Ganz nebenbei hat das meine Fähigkeit trainiert, auch kleine Phasenverschiebungen wahrzunehmen.

Abgesehen von der reduzierten Basswiedergabe hinterlässt eine Phasenverschiebung ein undefinierbares, skurriles Gefühl im Kopf. Ein Freund beschrieb es folgendermaßen: „Es fühlt sich an, als würde jemand mit einem Schwamm über deine Kopfhaut fahren."

Vor kurzem habe ich ein Plug-in der Firma Universal Audio mit dem Namen Little Labs entdeckt. Es bietet die Möglichkeit, die Phase eines Signals von 0 Grad bis 180 Grad stufenlos zu drehen. Außerdem kann es das Signal stufenlos von 0 bis 4 Millisekunden verzögern. Mit diesem Werkzeug lassen sich Phasenprobleme eines Stereosignals wirkungsvoll kompensieren. Als Kontrolle nehme ich einen Korrelationsgradmesser zu Hilfe. Je weniger sich der Anzeiger links der Mitte bewegt, umso besser wird das Resultat sein.

Mögliche technische Ursachen von Phasenauslöschungen

Ein XLR-Stecker hat drei mit Zahlen nummerierte Anschlüsse: Nummer 1 ist der Anschluss für die Abschirmung, Nummer 2 der für die positive Signalader, Nummer 3 ist für die negative Signalader zuständig. Wenn ich Anschluss 2 und 3 an einem der beiden Steckerenden vertausche, erzeuge ich in Verbindung mit einem zweiten (richtig angeschlossenen Kabel) eine 180-Grad-Phasenauslöschung. Hier muss man beim Löten von Kabeln aufpassen.

Auch Modulationseffekte wie beispielsweise ein Chorus erzeugen Phasenverschiebungen, die Auslöschungen tiefer Frequenzen hervorrufen können. Daher ist zum Beispiel der Einsatz eines Chorus auf dem Bass kritisch.

Amplitudenverzerrungen

Amplitudenverzerrungen nennt man alle Veränderungen eines Originalsignals, bei denen die Amplituden einzelner Frequenzen verstärkt oder gedämpft werden. Sind zum Beispiel die hohen Frequenzen angehoben, wird der Klang brillanter im Vergleich zum Original sein. Hebt man dagegen die tiefen Frequenzen an, fällt die Empfindung des Klangs mächtiger aus, als es noch beim Ursprungssignal der Fall war.

Mit einem Equalizer werden Amplitudenverzerrungen bewusst herbeigeführt, um einen Klang in einer bestimmten Art zu gestalten. In der deutschen Übersetzung bedeutet das Wort „Equalizer", wie schon erwähnt, „Gleichmacher". Ursprünglich wurde ein Equalizer in der Rundfunktechnik eingesetzt, um ungewollte Amplitudenverzerrungen einer Übertragungskette zu kompensieren. Es sollte also mit Hilfe eines Equalizers der gesendete Klang dem Original angeglichen werden.

Es gibt eine Reihe von Verursachern von Amplitudenverzerrungen. Jedes Kabel erzeugt Amplitudenverzerrungen durch den elektrischen Widerstand des Kupferdrahtes. Werden alle Frequenzen gleich reduziert, wird man die Veränderung nur in der Lautstärke wahrnehmen können. Werden einige Frequenzen stärker reduziert als andere, nimmt man dagegen eine Veränderung des Klanges wahr. Bekannt ist das Problem bei einem Gitarrenkabel. Da der Ausgang einer E-Gitarre hochohmig ist, wirkt das Kabel wie ein Filter, das hohe Frequenzen reduziert.

Amplitudenverzerrungen entstehen auch, weil ein Verstärker nicht alle Frequenzen des Audiospektrums exakt gleich verstärkt. Vor allem bei sehr tiefen und sehr hohen Frequenzen wird das relevant. Ein Qualitätsmerkmal für Verstärker ist der Frequenzgang, zum Beispiel 20-20.000 Hz. Dies bedeutet, dass der Verstärker in der Lage ist, alle Frequenzen zwischen 20 und 20.000 Hz mit (fast) gleicher Lautstärke zu übertragen.

Relativ stark entstehen ungewollte Amplitudenverzerrungen bei einem Lautsprecher oder einer Lautsprecherbox. In den meisten Übertagungsketten sind die Lautsprecher das schwächste Glied, da sie die massivsten linearen Verzerrungen herbeiführen.

Nichtlineare Verzerrungen

Enthält ein Klang nichtlineare Verzerrungen, so wurden dem Original gewollt oder ungewollt Obertöne hinzugefügt. Meist handelt es sich um ganzzahlige vielfache Frequenzen des Grundtons. Das Verhältnis vom Grundton zu den nichtgewollten Obertönen nennt man Klirrfaktor. Je lauter die Obertöne im Verhältnis zum Grundton werden, desto höher wird der Klirrfaktor. Diese Verzerrungen entstehen durch die nichtlinearen

Kennlinien in den aktiven Bauteilen (Transistoren, ICs, Röhren) eines Verstärkers. Es sind also die nichtlinearen Verzerrungen, die man im allgemeinen Sprachgebrauch als „Verzerrungen" bezeichnet.

Durch die hohe Qualität heutiger elektronischer Bauteile kann man davon ausgehen, dass man diese Art von Verzerrung nur wahrnimmt, wenn man einen Verstärker massiv überlastet. Die bei der Überlastung entstehende Hitze spielt dabei auch eine Rolle, denn die Temperatur hat oftmals Einfluss auf die Kennlinie eines aktiven Bauteils.

Die wohl bekannteste Nutzung von nichtlinearen Verzerrungen gibt es in der Welt der Gitarristen. Was normalerweise ungewollt ist, wird ein Gitarrist suchen. Ursprünglich entstand die Verzerrung nur dann, wenn man einen Gitarrenverstärker auf maximale Verstärkung einstellte und damit überlastete. Der Gitarrist erfreut sich nicht nur der neu gewonnenen Obertöne, sondern er nutzt auch die Tatsache, dass sich das Sustain durch die Verzerrung verlängert. Da dieser gewünschte Effekt nur in Verbindung mit einer brachialen Lautstärke zu erzeugen ist, hat die Industrie schon seit den sechziger Jahren Geräte gebaut, die diese oder zumindest eine ähnliche Verzerrung bei geringer Lautstärke erzeugen. Sie nennen sich Fuzz, Tube Screamer, Overdrive oder Distortion.

Erfahrungen aus der Praxis

Ich setze Verzerrer im Mixdown gern auch auf anderen Instrumenten ein. Je nach Genre kann ein Bass, eine Snaredrum oder auch eine Stimme bei vorsichtigem Einsatz einer Verzerrung an Konturen gewinnen.

10. Analyse und Bearbeitung eines Titels

Erfahrungen aus der Praxis

Bevor ich mit dem Mastering eines Titels beginne, höre ich ihn mir an und analysiere seine akustisch-technischen Schwächen. Ich zerlege den Gesamtsound in seine Bestandteile.

Zunächst stelle ich mir in Bezug auf die tiefen Frequenzen einige Fragen:

1. Werden die Bässe vorwiegend vom Bass oder von der Bassdrum bestimmt?
2. Gibt es noch andere Instrumente, die unterhalb von 100 Hz „mitspielen"?
3. Ist das Low-End, also die ganz tiefen Frequenzen, okay oder sollte ich einen Hochpassfilter oberhalb von 30 Hz einsetzen? (Das zeigt mir auch mein Spektrum-Analyzer an.)
4. Gibt es Probleme, den Bass und die Bassdrum voneinander abzugrenzen?
5. Sind überhaupt Bassanteile vorhanden, wenn sie mir zu schwach erscheinen?

Als Nächstes beschäftige ich mich mit den mittleren Frequenzen zwischen 200 und 3.000 Hz.

1. Gibt es Instrumente oder Stimmen, die zu laut sind?
2. Findet sich eine einzelne Frequenz, die zu laut ist?
3. Gibt es Instrumente oder Stimmen, die ich gern weiter im Vordergrund hätte?
4. Sind Bassdrum und Snaredrum kraftvoll genug?

Nun beschäftige ich mich mit den Präsenzen (zwischen 3.000 und 8.000 Hz).

1. Welche Instrumente spielen in diesem Frequenzbereich noch mit?
2. Ist der Stimmensound präsent genug?
3. Gibt es Probleme mit „S"-Lauten in der Stimme?
4. Werden Instrumente und Obertöne überbetont?
5. Ist die Hi-Hat zu laut (ein klassischer Fehler beim Mixdown)
6. Ist die Snaredrum noch dabei?

Als Nächstes betrachte ich das High-End oberhalb von 8.000 Hz.

1. Welche Instrumente spielen ganz oben noch mit?
2. Klingen Hi-Hat und Becken gut?

Als Nächstes schaue ich auf den Gesamtsound.

1. Dröhnt irgendetwas im Bass?
2. Klingt der Titel zu scharf oder zu stumpf?
3. Was passiert im Seitenkanal, gibt es Phasenauslöschungen (Stereoinformation)?
4. Wie hoch ist der Gesamtpegel, wurde die Summe schon einmal verdichtet?

Nach dieser Analyse werde ich mit der Bearbeitung beginnen. Zunächst beschäftige ich mich mit eventuellen Problemen. Sie resultieren meist aus Missverhältnissen von Lautstärken der einzelnen Instrumente zueinander. Erst danach widme ich mich der Klangästhetik.

Frequenzbereich 50 bis 160 Hz

Wenn die tiefen Frequenzen der Bassdrum relativ schwach sind, die tiefen Frequenzen des Basses jedoch relativ kräftig ausfallen, besteht meist das Problem, dass bei manchen Tönen der Bass richtig drückt, bei anderen Tönen aber die Power fehlt. Den Bass zu komprimieren macht auf jeden Fall Sinn. Damit werden die kräftigen Töne reduziert und ich kann durch Anheben des Pegels am Ausgang des Kompressors bestimmen, wie stark die lauten Töne sind. Gegen Löcher im unteren Frequenzbereich bin ich allerdings machtlos.

Häufig steht man vor dem Problem, dass Bassdrum und Bass zusammen ein undifferenziertes Klangbild erzeugen und die Bassfrequenzen dröhnen, anstatt ein präzises Fundament für den Titel zu geben. Grund dafür ist meist eine Überlagerung von Frequenzen zwischen 100 und 200 Hz. Diese Frequenz kann man sehr gut mit einem Multiband-Kompressor dynamisch bereinigen, sodass ein akzeptables Level übrig bleibt.

Erfahrungen aus der Praxis

Wenn ich das Problem habe, dass die tiefen Frequenzen zu schwach sind, lautet die entscheidende Frage: Ist überhaupt etwas vorhanden, das ich verstärken könnte? Wenn nicht, versuche ich es mit einem Subbass-Enhancer. Dieser erzeugt aus dem Nichts ein Grummeln. Mit Vorsicht eingesetzt, hilft das in manchen Fällen.

Wie stark der Bereich zwischen 50 und 160 Hz im Ganzen ausgeprägt sein soll, ist für mich eine stilistische Frage. Bei Dance, Techno, House et cetera sowie auch im Hip Hop sollte der Subbass kräftig und definiert sein. Dabei habe ich immer im Hinterkopf, dass diese Musik bei großer Lautstärke vor allem im Club funktionieren muss. Bei Rock, Pop und so weiter bin ich etwas vorsichtiger.

Mittlerer Frequenzbereich

Im mittleren Frequenzbereich befinden sich die Stimmen: Sie sollten klar und möglichst verständlich klingen. Oftmals fallen einzelne Passagen durch zu hohen Pegel auf. Ein analoger Multibandkompressor ist auch hier das richtige Werkzeug.

> **Erfahrungen aus der Praxis**
>
> Ich komprimiere den mittleren Frequenzbereich etwa mit 3–4 dB. Sollte das nicht genügen, muss ich mit einem zusätzlichen EQ eingreifen, da man bei einer höheren Kompression das Pumpen hören würde. Ein Problem ist bei diesem Vorgehen häufig, dass die Snaredrum verschwindet. Also gilt es, darauf extra zu achten und einen Kompromiss zu finden.

Stimmen, die zu leise sind, weiter in den Vordergrund zu bringen ist beinahe unmöglich. Im Frequenzbereich zwischen 1.000 und 3.000 Hz verstärkt man mit einem EQ nur das Instrument, das sowieso schon am lautesten ist. Auch hier kann ein Multiband-Kompressor zumindest etwas helfen, indem man mit ihm den entsprechenden Frequenzbereich komprimiert und die Summe dieses Bandes wieder anhebt. Ideal wird das Ergebnis nicht sein. In diesem Fall bietet das Stem-Mastering bessere Lösungen.

Präsenzen

Im Präsenzbereich befinden sich neben der Hi-Hat und den Becken des Schlagzeugs die Obertöne von Stimmen, Gitarren, Keyboards und so weiter. Dieser Frequenzbereich entscheidet, ob das gesamte Klangbild stumpf, ausgewogen oder scharf klingt. Hier geht es um die Klangfarbe. Wenn der Gesamtklang zu scharf ist, kann man auch hier einen Multiband-Kompressor statt eines EQs einsetzen. Die dynamische Reduktion klingt meist besser als das einfache Reduzieren dieses Frequenzbereiches.

Erfahrungen aus der Praxis

Häufig habe ich es mit den scharfen „S"-Lauten der Stimmen zu tun. Meistens funktioniert ein De-Esser hier nur bedingt. Reduziere ich mehr als 6 dB, wird aus dem „S" ein „CH" (was furchtbar klingt).

Ich benutze einen De-Esser auch, um zu laut klingende Hi-Hats zu entschärfen. Das funktioniert meist sehr gut. Wenn mir der Gesamtklang zu stumpf erscheint, kommt mein analoger EQ zum Einsatz. Entweder entscheide ich mich, mit dem parametrischen Filter einen spezifischen Frequenzbereich zu unterstützen, oder ich verwende einen High-Shelving-EQ zur Verstärkung oberhalb von 3 kHz. Auch wenn das gesamte Klangbild zu stumpf klingt, gibt es oftmals einzelne Impulse, die nicht verstärkt werden sollten, weil sie sehr scharfe Höhen enthalten. Für diesen Fall verwende ich einen dynamischen EQ.

High-End

Im High-End-Bereich finden sich nur noch wenige Instrumente. Dieser Frequenzbereich sollte klein, aber fein sein. Das richtige Maß ist eine Geschmacksfrage. Ich unterscheide gern nach musikalischer Ausrichtung. Ein HipHop-Titel benötigt weniger den HiFi-Sound als ein Popsong.

dB-Pegel

Wie in dem Abschnitt „Psychoakustik" beschrieben, besteht ein großer Unterschied zwischen dem technischen Pegel und der wahrgenommenen Lautheit. Die Lautheit wird nicht von der lautesten Stelle im Song bestimmt, sondern von der leisesten Stelle. Wenn der Pegel nirgendwo im Song unter -0,2 dBFS sinkt, ist die Dynamik eines Titels praktisch null. Für manche Titel ist das die richtige Herangehensweise. Im Ablauf eines Albums jedoch sollte zumindest etwas Dynamik vorhanden sein.

Erfahrungen aus der Praxis

So wähle ich den Gesamt-Level eines Titels beziehungsweise den Grad des Limitings in Abhängigkeit vom musikalischen Umfeld. Bei Einzeltiteln höre ich vergleichbare Songs in gleichen Genres.

Phasenlage

Zu Zeiten von Vinyl-Schallplatten war genau darauf zu achten, dass ein Titel monokompatibel ist. Anderenfalls konnte der Titel überhaupt nicht auf Vinyl gepresst werden. Vor allem tiefe Frequenzen im Seitenkanal, also in der Stereoinformation, waren ein absolutes No-Go. Alles, was unterhalb von 300 Hz Phasenprobleme bereiten konnte, musste unbedingt beseitigt werden. Ein Chorus auf dem Bass beispielsweise war eine Todsünde.

Seit Einführung der Audio-CD existiert dieses Problem nicht mehr. Für die Pressung einer Audio-CD ist mangelnde Monokompatibilität irrelevant. Nur die Ohren reagieren sehr empfindlich auf Phasenauslöschungen. Bei mir stellt sich ein regelrechtes Unbehagen ein. Beim Mastering hat man jedoch kaum noch Eingriffsmöglichkeiten auf die Stereobasis. Man kann sie höchstens etwas einengen, indem man den Level des Seitenkanals reduziert. Wenn dadurch die Hauptstimme nahezu verschwindet, weil beispielsweise ein Stereo-Effekt den Stimmensound aus der Mitte löscht, ist man machtlos.

Erfahrungen aus der Praxis

In diesem Fall weise ich den Kunden darauf hin, dass der zu bearbeitende Titel eklatante Phasenauslöschungen beinhaltet. Gemeinsam suchen wir dann nach den Ursachen.

Transienten-Designer

Wie erwähnt, sind Transienten die ersten schnell ansteigenden Impulse eines Instrumentes. Sie prägen beispielsweise den Klang einer Gitarre maßgeblich. Vor allem perkussive Instrumente verfügen über Transienten. Stimmen und Posaunen haben so etwas nicht, weil sich bei ihnen der Klang relativ langsam aufbaut. Ein Transienten-Designer manipuliert die ersten Impulse eines Instruments und ist in der Lage, sie zu verstärken. Das kann dem Klang mehr Ausdruck verleihen und ihn lebendiger und klarer erscheinen lassen. Auch beim Mastering kann das funktionieren. Der Nachteil besteht allerdings darin, dass der Pegel nicht unerheblich ansteigt. Mit einem notwendigerweise nachgeschalteten Limiter gehen dieselben Transienten oftmals wieder verloren, weil sie mit ihrem hohen Pegel dem Limiter zum Opfer fallen.

Exciter

Der Exciter ist ein psychoakustisches Effektgerät. Er erzeugt harmonische Obertöne, die im Original nicht vorhanden sind. Mit einem Exciter werden Höhen auf eine andere Art betont als bei der einfachen Anhebung von hohen Frequenzen mit einem Equalizer. Der Effekt ist einsetzbar für einzelne Instrumente und auch in der Summe.

Der Klang wird durch einen Exciter präsenter, offener und die Stereobasis erhöht sich scheinbar. Der Gesamtpegel ändert sich dabei nur sehr wenig.

Der Aphex Aural Exciter kam 1970 auf den Markt und galt schnell als Geheimwaffe. Mittlerweile sind seine Nebenwirkungen genauso berühmt-berüchtigt wie der Effekt selbst. Bei übermäßigem Einsatz fängt das Klangbild an zu zerren, der Sound wird scharf und kantig. Das Problem ist dabei, dass diese Wirkung erst mit dem zweiten Hinhören deutlich wird. Der Vorher-nachher-Effekt lädt erst einmal dazu ein, den Effekt kräftig zu nutzen. Das böse Erwachen kommt oftmals erst, wenn die Bearbeitung des Titels schon abgeschlossen ist. Gerade nach langen Mixdown-Sessions, wenn die Ohren ermüdet sind, wird manche Produktion mit übermäßigem Einsatz dieses Gerätes verunstaltet.

> **Erfahrungen aus der Praxis**
>
> Ich setze einen Exciter gern ein, wenn der Originalklang sehr wenige Obertöne besitzt. Wenn eine einfache Anhebung von hohen Frequenzen nur das Rauschen verstärkt, kann ein Exciter nützlich sein. Da mir die Versuchungen des Geräts bekannt sind, kann ich per Kontrollhören von anderen Songs das richtige Maß finden.

Urteilskraft

Ein Mastering-Ingenieur hört einen Titel beim Mastering meist zum allerersten Mal. Die unvoreingenommene Urteilskraft ist einer der Gründe, einen Titel von einer fremden Person mastern zu lassen. Ein Toningenieur, der einen Titel sowohl aufgenommen als auch gemischt hat, wird ihn sicherlich hunderte Male gehört haben. Damit wird er, je nach zeitlichem Abstand zur Aufnahme-Session, ein eingeschränktes Urteilsvermögen besitzen. Dieses Phänomen zeigt sich beispielsweise deutlich bei der Verständlichkeit des Textes eines Musiktitels. Ein Toningenieur, der den Gesang selbst aufgenommen hat, wird nicht mehr in der Lage sein, zu erkennen, dass der Gesang im Mixdown etwas zu leise ist – schon deshalb, weil er den Text mittlerweile auswendig kennt.

Umsetzung fremder Vorstellungen

Ein Toningenieur, der als Dienstleister einen Titel produziert, mischt oder mastert, hat zunächst einmal dem Geschmack und den Vorstellungen des Kunden gerecht zu werden. Das wird immer dann schwierig, wenn diese Vorstellungen von den Ansichten des Toningenieurs erheblich abweichen. Der Toningenieur hat in diesem Fall drei Möglichkeiten:

1. Er nimmt sich selbst vollständig zurück und folgt nur dem Wunsch des Kunden, ungeachtet, wie schrecklich das Ergebnis auch in seinen Ohren klingen wird.
2. Der Toningenieur versucht dem Kunden seine Vorstellungen zu vermitteln und sucht einen Kompromiss.
3. Der Toningenieur nimmt mehr oder weniger keine Rücksicht auf die Wünsche des Kunden und setzt mit dem Argument des Erfahrungsvorsprungs seine Vorstellungen durch.

Erfahrungen aus der Praxis

Nach meinen Erfahrungen ist es fast in jedem Fall sinnvoll, die Vorstellungen eines Kunden direkt umzusetzen. Wenn er eine bestimmte Sound-Vorstellung von seiner Musik hat, möchte er sie realisiert sehen beziehungsweise hören. Zeitaufwendige Diskussionen lohnen sich kaum. In den meisten Fällen ist es einfacher, schneller und effizienter, seinem Wunsch zu folgen und darauf zu warten, dass der Kunde selbst erkennt, dass eine andere Lösung sinnvoller wäre.

Manchmal biete ich in wenigen Worten eine alternative Vorgehensweise an – erziele ich damit nicht das gewünschte Interesse, bekommt der Kunde den Sound, den er sich wünscht (so schrecklich er auch klingen mag). Meine eigene Präferenz setze ich nur um, wenn es der Kunde ausdrücklich wünscht.

11. Tape-Mastering

Als einen besonderen Service bieten einige Mastering-Studios Tape-Mastering an. Der zu masternde Titel wird dabei auf eine professionelle analoge 1/4- oder 1/2-Zoll-Master-Maschine aufgezeichnet.

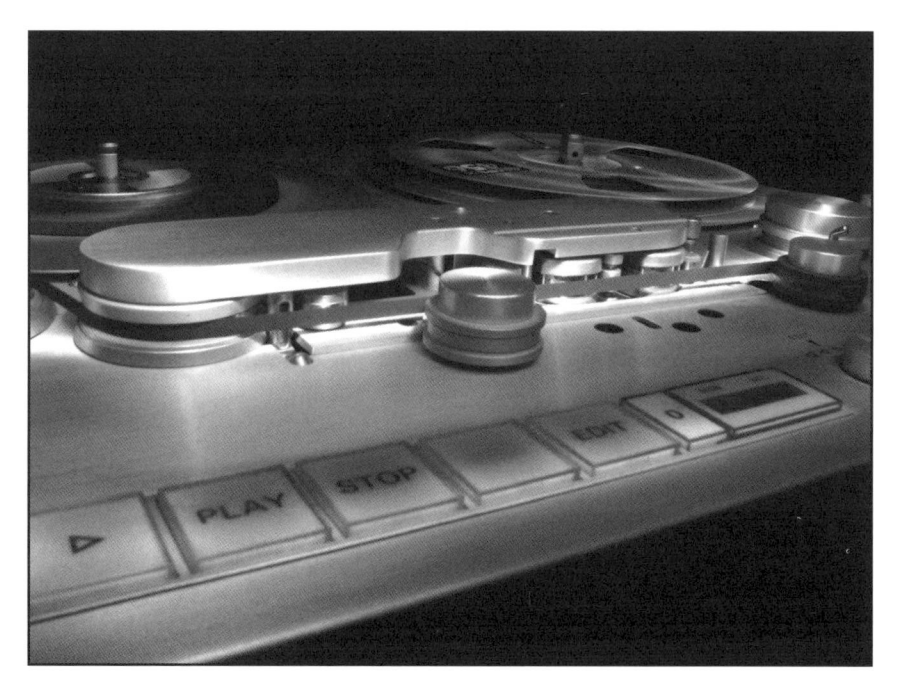

Eine Bandmaschine (hier die Studer A80 Bandmaschine) bietet sich an, um einem Master analoge Wärme zu verleihen.

Da so eine Maschine für die Aufnahme und die Wiedergabe zwei getrennte Tonköpfe besitzt (Sync- und Repro-Kopf), ist es möglich, das mitgeschnittene Signal bei der Aufnahme gleich wiederzugeben. Es entsteht je nach Bandgeschwindigkeit ein Zeitversatz von etwa einer drittel bis einer halben Sekunde. Da das komplette Signal diese Verzögerung durchläuft, ist sie für den Mastering-Prozess nahezu unerheblich. Der Sound erfährt durch diesen Vorgang aber eine Einfärbung. Das vorrangige Ziel ist es, dem Klang einen analogen Charakter zu geben. Analoge Bandsättigung soll hier den gewünschten Effekt hervorrufen. Es gibt aber auch Plug-ins, die solch eine Einfärbung simulieren.

Erfahrungen aus der Praxis

Da ich selbst stolzer Besitzer einer Studer-A80-Master-Maschine bin, habe ich mich intensiv mit dem Thema Tape-Mastering beschäftigt. Mittlerweile mastere ich etwa 80 Prozent aller Titel über meine Bandmaschine. Sie ist in meine Bearbeitungskette eingebunden wie eine Art Hardware-Plug-in.

Zum einen stellt dieser Einsatz eine Reminiszenz an die „gute, alte Zeit" dar, zum anderen ist es aber auch eine Herausforderung, mit einer solchen Technik zu arbeiten. Die Maschine muss regelmäßig gewartet, entmagnetisiert, gereinigt und eingemessen werden, damit sie einwandfrei funktioniert und das komplette Frequenzband wenigstens annähernd linear aufnimmt und wiedergibt.

Meines Erachtens ist allerdings nicht die analoge Bandsättigung die Ursache für den angenehmen analogen Sound, sondern die Umwandlung des Signals in ein magnetisches Feld und wieder zurück in eine elektrische Spannung. Bei diesem höchst analogen und keinesfalls frequenz-linearen Vorgang verliert der digital erzeugte Klang seine „Zweidimensionalität" und gewinnt an Tiefenschärfe.

12. Remastering

Mit dem Begriff „Remastering" bezeichnet man das Mastering eines Titels, der schon einmal veröffentlicht wurde. Nach der Einführung der Audio-CD wurden sehr viele Alben remastert, die bis dahin nur auf Vinyl veröffentlicht waren. Da leider nur in den seltensten Fällen das Original-Masterband zur Verfügung stand, wurde als Vorlage in vielen Fällen eine Schallplatte verwendet. Entscheidend für das Remastering war dann der Zustand des vorliegenden Vinyls. Schallplatten, die schon x-fach abgespielt wurden, waren meist übersät mit Staubpartikeln und Kratzern. Die Klangqualität einer solchen Schallplatte entsprach überhaupt nicht den Anforderungen eines sauberen, digitalen Sounds.

Zunächst wurden die Bedingungen für das Abspielen einer Schallplatte, soweit es möglich war, optimiert. Dazu spielte man die Schallplatte nass ab. Neben dem Tonarm wurde ein zweiter Arm herabgelassen, an dessen Ende sich eine sehr feine Bürste befand. Diese Bürste wurde ständig mit destilliertem Wasser befeuchtet. Über das Nassabspielen des Vinyls reduzierte sich das Plattenrauschen und Knistern zumindest teilweise. Einzelne Knackser konnten im Nachhinein einfach herausgeschnitten werden, wenn ihre Impulse nur sehr kurz waren. Das Beseitigen von kontinuierlichem Knistern war und ist leider nicht befriedigend zu meistern.

Auch heute werden Alben noch remastert. Die Schallplattenindustrie freut sich, wenn sie einen Grund findet, alte Produktionen, die sich in ihrem Verlag befinden, mit neuen Argumenten wieder zu veröffentlichen. Da zu Beginn der CD-Ära die digitalen Bearbeitungsmöglichkeiten noch nicht so effektiv waren, wurden ältere CDs erneut veröffentlicht.

Aus manchen alten Stereoproduktionen wird heute mit Hilfe technischer Tricks außerdem ein Surround-Sound generiert.

Erfahrungen aus der Praxis

Ende der neunziger Jahre habe ich für Sony Music einige amerikanische Produktionen remastert. Mit einer speziellen Art der Digitalisierung, dem Super-Bit-Mapping (SMB), wurden die Titel neu digitalisiert.

Bei dem von Sony entwickelten Verfahren wird das Quantisierungsrauschen in einen nicht mehr hörbaren Frequenzbereich verschoben. Dadurch entsteht ein verbesserter Rauschabstand. Zusätzlich habe ich die Titel zum Teil recht kräftig nachbearbeitet. Es wurden Störgeräusche beseitigt, die Präsenzen und der Bass optimiert sowie maßvoll die Lautheit erhöht.

13. Stem-Mastering

Stems sind Einzelspuren oder zusammengeführte Gruppen von Spuren, die aus einem kompletten Mixdown extrahiert werden. Durch die Option, beispielsweise den Hauptgesang oder das Schlagzeug separat bearbeiten zu können, ergeben sich weiterführende Eingriffsmöglichkeiten in den Gesamtsound.

Ein Mixdown kann in Subgruppen aufgeteilt werden. Subgruppen sind vorgemischte Instrumentengruppen wie beispielsweise das Schlagzeug, die Keyboards, die Chorstimmen, mehrere Hauptstimmen, E-Gitarren, Akustikgitarren und so weiter. Da vor allem in kleineren Projektstudios das Equipment fehlt, um eine Hauptstimme optimal zu bearbeiten, haben Produzenten und Künstler oft den Wunsch, das Mastering-Equipment für die Bearbeitung einzelner Spuren zu nutzen. Gerade im Hip Hop ist diese Vorgehensweise sehr verbreitet. Dem Mastering-Ingenieur gibt das nicht nur die Möglichkeit, die Stimmen optimal zu bearbeiten, sondern er kann auch dezidierter in den Sound des Playbacks eingreifen, da die Stimme im Playback nicht vorhanden ist.

Die separate Bearbeitung einzelner Instrumente oder Instrumentengruppen gleicht der Bearbeitung dieser Spuren im Mixdown. Oftmals werden beim Mastering die einzelnen Komponenten mit einem analogen Summierer zusammengeführt, da der analoge Sound die Transparenz des Gesamtklangs erhöht. Nach der Summierung kann das übliche Mastering erfolgen.

Hauptstimme

Der Hauptgesang sollte in jedem Falle komprimiert werden, da andernfalls die Dynamik zwischen einzelnen Passagen oder gar Worten zu groß sein würde. Standardeinstellung des Kompressors ist ein Ratio von 4:1 und ein Threshold, der die Stimme bis zu 12 dB in die Kompression bringt. Attack und Release sind meist unkritisch, da der Gesang wenig steilflankige Transienten enthält. Besondere Behandlung vor allem bei weiblichen Stimmen benötigen die „S"-Laute. Der Einsatz eines De-Essers ist meistens angebracht. Equalizer-Einsätze empfehlen sich je nach Qualität der Originalaufnahme.

In Abhängigkeit von der Tonlage kann der Grundton des Gesangs bei 100 bis 500 Hz liegen. Die Obertöne können bis 10.000 Hz reichen. Nur in seltenen Fällen ist es sinnvoll, den Grundton zu verstärken. Dies führt meist zu einem stumpfen Klang. Das Anheben von Frequenzen zwischen 5.000 und 1.000 Hz gibt der Stimme Präsenz und Durchsetzungskraft. Dabei werden allerdings die „S"- und Zischlaute mit verstärkt.

Das Hinzufügen eines Reverbs oder Delays empfiehlt sich fast immer. Je nach musikalischer Ausrichtung sollte der Raum größer oder kleiner werden. Auch der Anteil des Reverbs hängt von der Art der Musik und den persönlichen Vorlieben ab. Selbst wenn die Stimme möglichst trocken klingen soll, ist es sinnvoll, das Hinzufügen zumindest eines kleinen Reverbs auszuprobieren. Auch Hallräume, die im fertigen Mix nicht mehr erkennbar sind, können die Stimme unterstützen. Alternativ lässt sich ein Delay einsetzen. Oftmals verfärbt man damit die Stimme weniger als mit einem Reverb.

Ein Delay unter 100 ms führt zu einem Dopplungseffekt. Ein Delay von circa 150 ms kennt man als Elvis-Sound. Ein Delay von 300–400 ms gibt dem Gesang zusätzliche Tiefe.

Chorstimmen

Auch Chorstimmen kommen ohne Komprimierung nicht aus. Ähnlich wie beim Hauptgesang ist eine Ratio von etwa 4:1 angemessen. Die Kompressionsrate kann 12 dB bis 15 dB betragen. Damit werden allerdings Störgeräusche wie etwa das Übersprechen von Kopfhörern, Luftholer oder unangenehme „P"- und „T"-Laute übermäßig stark mitverstärkt. Die „S"-Laute können sehr unangenehm werden, weil sie, wenn sie von mehreren Stimmen gesungen werden, ein wenig gegeneinander versetzt sind. Tritt dieses Problem zu stark auf, kann man in mühevoller Arbeit die unangenehmen Laute bei allen bis auf eine Chorstimme löschen. Effekte wie Delay und Reverb geben dem Chor mehr Volumen. Mit einem Chorus-Effekt kann man den Chor im Panorama noch breiter werden lassen, solange er dadurch nicht unnatürlich klingt.

Bassdrum

Die Bearbeitung der Bassdrum ist die Königsdisziplin und ein zentrales Thema in der Musikproduktion. Eine Bassdrum besteht eigentlich aus zwei sich ergänzenden Bestandteilen. Der eine Bestandteil ist der Subbass-Anteil, beim anderen Bestandteil handelt es sich um den Attack der Bassdrum. Der Subbass liegt zwischen 40 und 100 Hz. Häufig generiert er den höchsten Pegel eines Titels, ohne dabei richtig wahrgenommen zu werden (je nach Abhörsituation).

Der Attack-Anteil der Bassdrum liegt etwa zwischen 1.000 und 3.000 Hz. Dieser Bereich macht die Bassdrum auf jedem Monitorsystem hörbar. Hier befinden sich allerdings auch eine ganze Reihe anderer Instrumente und auch die Stimmen. Will sich eine Bassdrum in diesem Umfeld durchsetzen, muss sie einen erheblichen Pegel aufweisen. Es ist daher sinnvoll beide Elemente der Bassdrum separat zu bearbeiten (zumindest gedanklich).

Vor allem in der Clubmusik (Techno, House ...) ist der Bassanteil der Kickdrum das einzige Element, das von einem Summenkompressor erfasst wird. Wenn man diesen Subbass erhalten will, sollte man vorsichtig mit der Summenkompression sein. So ist es gerade in der Clubmusik von Vorteil, die Bassdrum als separates Stem zu bearbeiten. Es besteht damit nicht nur die Möglichkeit, Einfluss auf die einzelnen Frequenzen der Kick zu nehmen, ohne dabei das komplette Playback berücksichtigen zu müssen, man kann auch das Playback gut ohne die Bassdrum komprimieren.

Erfahrungen aus der Praxis

Sehr gern kopiere ich die Kick auf eine zweite Spur, nehme bei der einen Kopie die tiefen Frequenzen bis 300 Hz heraus und hebe den Präsenzbereich an; bei der anderen Kopie filtere ich dann die Höhen heraus und hebe die tiefen Frequenzen an. Nun kann ich mit dem Level dieser beiden Spuren den Sound und die Durchsetzungskraft der Bassdrum im Mix sehr gut kontrollieren und variieren.

Alternativ setzte ich in einer Musikproduktion zwei Bassdrums ein, denen die entsprechenden Frequenzen eigen sind, oder ich triggere eine zweite Kick zu der Original-Kick hinzu.

Snaredrum

Die Grundfrequenz einer Snaredrum liegt je nach Stimmung bei etwa 150 bis 500 Hz. Die Obertonstruktur reicht bis 18.000 Hz. In dem wichtigen Präsenzbereich zwischen 3.000 und 8.000 Hz hat sich die Snaredrum gegen eine Reihe von anderen Instrumenten und nicht zuletzt die Stimme durchzusetzen. Oftmals ist die Snaredrum in dem reduzierten Arrangement einer Strophe gut hörbar, im Refrain jedoch, wenn alle Instrumente zusammen kommen, kaum noch wahrnehmbar. Die Instrumente verdecken sich gegenseitig. Bei der Komprimierung einer Snaredrum ist Vorsicht geboten, da gern die wichtigen Transienten verloren gehen.

Hi-Hat

Die Hi-Hat hat ihren Peak bei circa 5.000 Hz. Damit setzt sie sich fast immer sehr gut durch. Alle Frequenzen unterhalb von 300 Hz sind vernachlässigbar und können somit von einem Hochpassfilter beseitigt werden.

Erfahrungen aus der Praxis

Die Hi-Hat stellt für den Mastering-Engineer ein schwieriges Instrument dar. Sie ist viel öfter zu laut als zu leise. Häufig bestimmt sie den Klangeindruck der Höhen eines Titels.

Bass

Der Bass spielt im Gesamtklang eines Titels die sprichwörtlich tragende Rolle. Daher kann die separate Bearbeitung des Basses sehr hilfreich sein. Je nach Tonlage und Beschaffenheit finden sich einzelne Töne, die scheinbar dröhnen, und andere Töne, die fast unhörbar sind. Damit ist der Bass für den Einsatz eines Kompressors geradezu prädestiniert.

Ähnlich wie bei der Kompression einer Stimme ist eine Ratio von 4:1 und eine Pegelreduktion um circa 8–12 dB sinnvoll. Hierbei entsteht jedoch oftmals ein Problem, da man durch die Kompression die eigentlich gewünschten tiefen Frequenzen verliert. Durch die Pegelreduktion gehen genau jene Frequenzen verloren, die für den Druck des Basses erhaltenswert sind. Mit dem Make-up-Gain-Einsteller kann man diese Frequenzen im gewünschten Maß wieder verstärken.

Probleme entstehen oftmals durch die Dopplung der tiefen Frequenzen zwischen 40 und 100 Hz, weil sich hier Bass und Bassdrum addieren. Wenn es möglich ist, sollte man bei diesen beiden Instrumenten unterschiedliche Frequenzen anheben.

Die Bearbeitung eines Playbacks, das weder Bassdrum noch Bass enthält, bietet eine gute Gelegenheit, tiefere Frequenzen – beispielsweise von Synthesizern – zu komprimieren, ohne den Bassdruck zu verlieren.

> **Erfahrungen aus der Praxis**
>
> Persönlicher Tipp: Den Bass vorsichtig anzerren. Durch die hinzugefügten Obertöne gewinnt der Bass an Durchsetzungskraft. Meist bleibt die Verzerrung an sich durch die anderen Instrumente unentdeckt.

E-Gitarre

Bei E-Gitarren gibt es zwei relevante Frequenzgruppen. Der untere Frequenzbereich liegt zwischen 100 und 200 Hz, der obere bei circa 3.000 Hz. Mit dem unteren Frequenzbereich besetzt die E-Gitarre Frequenzen, die oberhalb der Bassdrum und meistens auch oberhalb des Basses (je nach Tonlage) liegen.

Die tiefen Frequenzen der Gitarre neigen dazu, sich vor allem bei kleinen Stereoanlagen oder auch im Auto als Dröhnen unangenehm bemerkbar zu machen. Die oberen Frequenzen teilt sich die Gitarre mit einer ganzen Reihe von Instrumenten wie der Snaredrum, den Keyboards und meist auch dem Gesang. Daher empfiehlt es sich, die Gitarren entweder elektronisch zu doppeln oder doppelt einzuspielen und sie im Panorama aus der Mitte heraus nach außen zu schieben.

> **Erfahrungen aus der Praxis**
>
> Das Dröhnen der Gitarre habe ich lange Zeit nicht richtig erkannt. Ein hochwertiges Monitorsystem, von dem das gesamte Frequenzspektrum annähernd linear wiedergegeben wird, ignoriert dieses Problem.
>
> Ich bin darauf gekommen, weil einige meiner eigenen Produktionen im Auto unschön klangen. Daraufhin habe ich mich an meinem Arbeitsplatz damit beschäftigt und festgestellt, dass mir meine Billig-Computermonitore dieses Problem am zuverlässigsten anzeigen. Diese Boxen betonen den Frequenzbereich von 100 bis 200 Hz. Seither verlässt kein Titel mein Studio, bevor ich den Sound über diese Boxen geprüft habe.

Synthesizer

Synthesizer-Sounds unterteilen sich in verschiedene Gruppen. Es gibt Pianos, Bässe, Strings, Flächen, Bläser, Effekte und so weiter. Jede dieser Gruppen hat ihre Eigenheiten. Meist besteht die größte Herausforderung darin, den idealen Sound für die eigene Anwendung zu finden.

Erfahrungen aus der Praxis

Oftmals setzte ich bei Synthesizer-Sounds wie Pianos, Flächen und Strings Ducking beziehungsweise Sidechain-Kompression ein. Mein Ziel ist es, den Synthesizer im Vordergrund zu hören, wenn er seinen Auftritt hat, und leiser im Hintergrund zu vernehmen, wenn der Gesang im Vordergrund stehen soll. Ich schleife dafür einen Kompressor in den Piano-Sound ein und steuere diesen mit der Hauptstimme als Sidechain-Signal an.

In den Instrumental-Passagen wird nun das Piano im Vordergrund sein, und wenn der Gesang beginnt, rückt es mit circa 3 dB Kompression in den Hintergrund.

14. Das digitale Format

Die digitale Revolution beschert uns die Möglichkeit, verschiedenste Daten in eine Aneinanderreihung von Nullen und Einsen umzuwandeln und zu speichern. Das hat unter anderem auch die Welt der Musikproduktion umfassend verändert.

Abtasttheorem

Nyquist-Shannon-Theorem

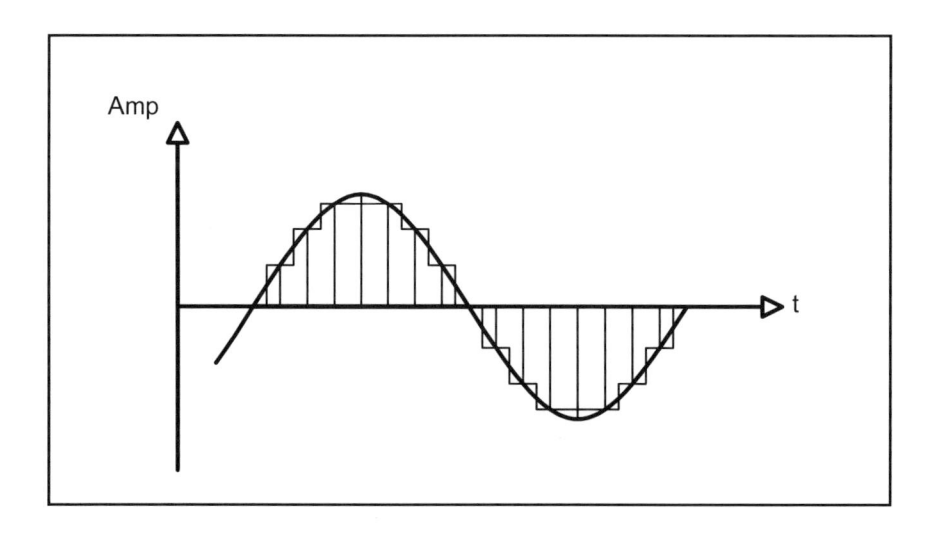

Das Nyquist-Shannon-Theorem beschreibt den Abtastvorgang analoger Signale.

Die Pulse-Code-Modulation ist die meistverbreitste Art der Umwandlung eines analogen Signals in ein Digitalformat. Bei der Digitalisierung eines Audiosignals wird aus einem zeitkontinuierlichen Signal ein zeitdiskretes Signal geformt. Dabei wird das analoge Signal in gleichbleibenden Intervallen abgetastet und für jede Abtastung eine Amplitude ermittelt. Dieser Vorgang wird beschrieben durch das Nyquist-Shannon-Abtasttheorem.

Zwei Bedingungen müssen dabei erfüllt sein. Erstens müssen die Zeitintervalle zwischen den entstehenden diskreten Impulsen gleichbleibend sein, zweitens soll die Abtastrate mindestens der doppelten Frequenz der höchsten zu digitalisierenden Frequenz entsprechen. Wird diese Bedingung nicht erfüllt, so entstünden Alias-Effekte, da es zu einer Überlappung des Originalspektrums mit dem sich wiederholenden, modulierten Teil des Spektrums kommen würde.

Aus dem analogen Signal entsteht ein Puls-Amplituden-moduliertes Signal (PAM). Die Häufigkeit der Abtastung wird als Abtastrate (Samplerate) bezeichnet. Quantisierungsfehler entstehen, weil nur eine begrenzte Anzahl von Samples registriert wird. Je höher die Abtastrate, umso geringer sind die Quantisierungsfehler.

Jedem einzelnen Sample wird ein Wert zugeordnet, der (annähernd) der Amplitude des Audiosignals zum Zeitpunkt der Abtastung entspricht. Dieser Wert wird digital als binäres Codewort codiert. Bei einer Auflösung von 16 Bit stehen 65.536 einzelne Stufen zur Verfügung. Damit lässt sich eine Dynamik von circa 96 dB erreichen. Eine Abtastrate von 44,1 kHz mit einer Auflösung von 16 Bit wurde für das CD-Audioformat festgelegt. Somit beträgt die Datenrate für den linken und rechten Kanal 1.411.200 Bit/s.

Das digitale Signal wird nicht zeitlinear übertragen und abgespeichert, sondern in Datenblöcken zusammengefasst. Zusätzlich zu der eigentlichen Audioinformation enthält das digitale

Datenformat weitere Information, die zur Synchronisation und zur Datensicherheit notwendig sind.

Fehlerkorrektur

Zur Datensicherheit werden einzelne Prüf-Bits in die Datenblöcke integriert, die sogenannte Prüfsummen enthalten. Die Quersumme eines jeden Datenblocks ergibt einen geraden oder einen ungeraden Wert. Geht nun ein einzelnes Bit bei der Übertragung verloren, stimmt die tatsächliche Quersumme nicht mehr mit dem Wert des Prüf-Bits überein. Diese Art der Prüfung nennt man Paritätsprüfung. Sie ist nur rudimentär, da zum einen nicht erkannt wird, welches Bit „umgekippt" ist, und zum anderen kein Fehler erkannt wird, wenn zufällig zwei Bits ihre Eins verlieren.

Ist ein kompletter Datensatz unlesbar, entstehen sogenannte Drop-outs. Um diese Fehler zu korrigieren, wird der fehlende Wert interpoliert. Bei der Drop-out-Kompensation wird der Mittelwert aus dem Datenwort vor und nach dem fehlerhaften Datenblock gebildet. Werden mehrere Datenblöcke vor und nach dem Fehler in die Berechnung einbezogen, entsteht aus der interpolierten Geraden eine annähernd perfekte Parabel. Für diese Fehlerbeseitigung ist der technische Aufwand allerdings größer.

Hohe Samplerate

Mit steigender Samplerate werden die Quantisierungsfehler geringer. Hochwertige A/D-Wandler bieten die Möglichkeit, ein Signal mit 44.1KHz, 48KHz, 88,2 KHz, 96 KHz oder 192 KHz zu digitalisieren. Bei einer Samplerate von 44,1 KHz und einer Bitrate von 16 Bit (CD-Format) entsteht ein File von ca. 10 Megabyte Größe für eine Minute Stereo-Musik. Bei einer Samplerate von 192 Khz und 24 Bit steigt die Datengröße etwa um das siebenfache.

Da die Samplefrequenz mit 44,1 kHz nur knapp über der doppelten höchsten zu kodierenden Audiofrequenz liegt, muss der Tiefpassfilter sehr steilflankig sein, um störende Aliasing-Effekte zu vermeiden. Mit einer höheren Samplerate müsste dieser Filter nicht solch hohen Anforderungen genügen.

Hohe Bitrate

Mit einer Auflösung von 16 Bit erreicht man, wie schon angesprochen, eine maximale Dynamik von 96 dB. Das scheint mehr als ausreichend zu sein. Die Dynamik einer Vinylplatte wird damit zum Beispiel bei weitem überschritten. Während einer Musikproduktion kann dieser Wert allerdings erheblich kleiner geraten, da schon bei der Aufnahme ein großzügiger Headroom gelassen werden sollte, um digitale Verzerrungen durch Überschreiten des Maximalpegels zu vermeiden. Mit einem Headroom von -10 dB nutzt man erheblich weniger als 16 Bit. Daher hat sich in der digitalen Audiobearbeitung eine Auflösung von 24 Bit etabliert. Damit kann zumindest theoretisch eine Dynamik von 114 dB erreicht werden. In der praktischen Arbeit ist das Pegeln einer Aufnahme mit einer höheren Auflösung einfacher, da kaum Dynamikverlust durch Untersteuerung droht.

Digital-Analog-Umsetzer

Der Digital-Analog-Umsetzer (DAU) wandelt das zeitdiskrete Signal wieder in ein zeitkontinuierliches Signal.

> **Erfahrungen aus der Praxis**
>
> Ich denke, dass ein digitales Audioformat mit einer Auflösung von 16 Bit und einer Samplerate von 44,1 kHz, wie es der Standard der Audio-CD vorschreibt, mehr als ausreichend ist, um sehr dynamische Musik zu genießen. Wer eine noch größere Dynamik sucht, müsste sich schon in einen schalltoten Raum begeben, denn schon kleinste Geräusche wie etwa das Flügelschlagen eines Schmetterlings würden diese 96-dB-Ruhe stören.
>
> Eine Vielzahl von Musikern, Produzenten, und Musikverlegern haben dazu beigetragen, dass der Dynamikumfang von populärer Musik von möglichen 96 dB auf etwa 1–2 dB reduziert wurde.
>
> Etwas anders verhält es sich im Ablauf einer digitalen Musikproduktion. Der Unterschied zwischen einem Equalizer, der mit 16 Bit arbeitet, und einem, der seine Aufgabe mit einer Auflösung von 32 Bit erledigt, ist deutlich hörbar. Nahezu alle Prozesse, bei denen ein Computer mit digitalen Audiodaten rechnet, gewinnen im Zuge einer höheren Auflösung an Klangqualität. So ist es auf jeden Fall sinnvoll, mit einer möglichst hohen Bitrate und Sample-Frequenz zu arbeiten und erst ganz am Ende der Produktionskette den fertigen Titel auf das CD-Format herunterzurechnen.

Truncation

Tastet ein Gerät ein 24-Bit-Audiofile mit nur 16-Bit-fähigen Schaltungen ab, werden die letzten 8 Bit ignoriert. Truncation bedeutet das Abschneiden eines Teiles der digitalisierten Audioinformation. Das betrifft vor allem die Musikanteile am unteren Rand der Dynamik.

Dithering

Da bei einer Bitrate von 16 Bit für sehr leise Musik nur wenige Bits zur Verfügung stehen, wird mit dem Dithering ein Rauschen zum Audiosignal addiert, um hörbare Artefakte zu verdecken. Dieses Verfahren kommt auch beim Umwandeln von hohen in niedrige Bitraten zum Einsatz.

Verlustfreie Formate

Wave-Format

Das Wave-Format wurde von Microsoft entwickelt. Es basiert auf dem Resource Interchange File Format (RIFF). Am Anfang eines jeden Datenblocks, dem Header, befinden sich zusätzliche Informationen (Metadaten). Dazu gehört die Identifikation als Audiodatei, die Dateigröße, die Samplerate, die Bitrate und Informationen darüber, ob es sich um ein Mono- oder Stereo-File handelt.

AIFF-Format

Das AIFF-Format ist von Apple entwickelt worden. Es basiert auch auf dem RIFF-Format. Der Unterschied zum Wave-Format liegt nur in den Header-Informationen.

Weitere verlustfreie Audioformate sind das CDDA-Format (Audio-CD), das PCM-Format und das FLAC-Format.

Apple Lossless Audio Codec (ALAC)

Der Apple Lossless Audio Codec (ALAC) ist ein von Apple entwickeltes Audioformat, das nicht verlustbehaftet ist, obwohl es Daten komprimiert. Es wird von iPhone, iPod, iPad und Mac-Rechnern unterstützt.

Verlustbehaftete Formate

MP3-Format

Das MP3-Format (genaue Bezeichnung: MPEG-1 Audio Layer III) ist ein verlustbehaftetes Audioformat zur Übertragung und Speicherung von Audiodaten. Es wird im Gegensatz zum Wave- und AIFF-Format als verlustbehaftet bezeichnet, da nur ein Teil der originalen Audiodaten erhalten bleibt. Je nach Codierung werden etwa 90 Prozent aller Daten nicht berücksichtigt (codiert).

Das vom Fraunhofer-Institut entwickelte Verfahren nutzt geschickt psychoakustische Effekte, um alle Daten auszublenden, die scheinbar unhörbar sind. Leise Töne, die von lauten Tönen überdeckt sind, werden beispielsweise ignoriert. Außerdem ist der Frequenzumfang im Vergleich zu einem unkomprimierten Digitalformat etwas stärker begrenzt. Bei der Codierung kann der Anwender die Bitrate wählen. Mit steigender Bitrate steigt die Klangqualität, aber auch die Größe des Files. Das beste Ergebnis erreicht man bei einer Codierung mit variabler Bitrate. Der Encoder wählt je nach Inhalt des Originals die Bitrate. Ein Nachteil dieser Codierung ergibt sich nur durch die Tatsache, dass die Größe des zu kodierenden MP3-Files nicht vorher bestimmt werden kann.

Alternativ bietet eine Bitrate ab 192 Kbit/s einen akzeptablen Kompromiss zwischen möglichst hoher Klangqualität und möglichst kleinem Datenformat (zum Vergleich: die Datenrate des CD-Audio-Formats beträgt etwa 1.400 kbit/s). Schwierig ist es, ein datenkomprimiertes File digital weiterzubearbeiten. Durch die Tatsache, dass nur noch etwa 10 Prozent der ursprünglichen Daten vorhanden sind, können beispielsweise Frequenzanteile nicht mehr angehoben werden, die einmal herausgerechnet wurden. Daher ist ein MP3-File als Grundlage für das Mastering nicht gut geeignet.

Dolby-Digital-Format

Das Dolby-Unternehmen hat neben dem Fraunhofer-Institut das am weitesten verbreitete System zur Datenreduktion von Audioformaten entwickelt. Das Dolby-Digital-Format umfasst bis zu sechs Kanäle (5.1-Ton). Es wird für den Ton von Kinofilmen und für das DVD-Videoformat verwendet. Die sechs Kanäle sind folgendermaßen aufgeteilt: vorn links und rechts, Mitte (ausschließlich für Sprache), hinten links und rechts (Surround-Kanäle) und Low Frequency Effects (LFE).

AC-3

Das Kodierungsverfahren AC-3 nutzt ähnlich wie das MP-3-Format psychoakustische Effekte, um die hohe Datenmenge von sechs Audiospuren zu reduzieren. Weitere verlustbehaftete Audioformate sind AAC, Real Audio, Vorbis, WMA und DTS.

> **Erfahrungen aus der Praxis**
>
> Ich bewege mich in einem Spannungsfeld zwischen High-End-Audiobearbeitung auf der Basis von 96-kHz/24-Bit-Audiofiles einerseits und MP3-Codierung und einer Musikindustrie, die ihr Geld zum großen Teil mit Klingeltönen verdient, andererseits. In einer Reihe von Selbstversuchen habe ich mir eine eigene Meinung über die Klangqualität von MP3s gebildet. Unter guten Bedingungen bin ich in der Lage, ein MP3 von einem nicht komprimierten Format zumindest im direkten Vergleich zu unterscheiden.
>
> Die Stereobasis scheint mir etwas enger, der Gesamtklang wirkt nicht offen. Zeitweise höre ich kleine Phasenverschiebungen. Werden die Bedingungen aber heikler, beispielsweise im Auto, ist es schwierig bis unmöglich, ein MP3 zu identifizieren.
>
> Habe ich ein Master zu erstellen, das als MP3-Download im Netz zur Verfügung stehen soll, mastere ich zunächst einmal so, als würde ich das nicht wissen. Ich erstelle auf jeden Fall ein Master als Wave-Datei. Danach codiere ich das fertige Master als MP3 und höre, was passiert.
>
> Folgende Richtlinien haben sich bei mir etabliert: Sinnvoll ist es, Überkompression zu vermeiden. Auch extreme Phaseneffekte sollten vermieden werden. Angebracht ist es außerdem, den Seitenkanal von tiefen Frequenzen zu befreien sowie den Frequenzbereich zwischen 300 und 8.000 Hz nicht zu kräftig werden zu lassen.

Digitale Schnittstellen

Zur Verbindung von zwei oder mehreren digitalen Audiogeräten stehen je nach Gerät und Anwendung verschiedene digitale Schnittstellen zur Verfügung.

S/PDIF-Schnittstelle (Sony/Philips Digital Interface)

Die S/PDIF-Schnittstelle (Sony/Philips Digital Interface) ist bekannt als digitaler Ausgang von Consumer-Geräten. Als Steckverbindung dient ein Cinch-Anschluss (75-Ohm-Coaxialkabel) oder ein TOSLINK-Anschluss (Lichtwellenleiter für optische Signalübertragung).

AES/EBU-Schnittstelle (Audio Engineering Society/ European Broadcasting Union)

Die AES/EBU-Schnittstelle (Audio Engineering Society/European Broadcasting Union) ist professionellen Geräten vorbehalten. Das Format der Audiodaten gleicht dem des S/PDIF-Formats. Diese Schnittstelle ist meist als symmetrische XLR-Verbindung ausgeführt. Daher ist sie ähnlich wie bei symmetrischen Mikrofonkabeln unempfindlicher gegen elektromagnetische Einstrahlungen. Viele professionelle Geräte bieten sowohl AES/EBU als auch S/PDIF-Anschüsse.

ADAT-Format

Das ADAT-Format dient zur Übertagung von bis zu acht Spuren bei einer Samplerate von 48 kHz. Dabei nutzt es die optische Übertragung per TOSLINK. Mit einer Samplerate von 96 kHz können maximal vier Spuren übertragen werden.

15. Das CD-Master

Dynamik

Eine der Hauptaufgaben des Masterings ist das Erstellen eines homogenen Albums. Der Sound der einzelnen Titel sollte nicht unbedingt für jeden Titel gleich sein, vielmehr sollte sich der Klang jedes einzelnen Songs in ein Gesamtkonzept einfügen.

Gerade wenn in verschiedenen Tonstudios produziert wurde und mehrere Toningenieure beteiligt waren, können die Unterschiede zwischen den einzelnen Titeln sehr groß sein. Eine Ballade, die nur von einer Stimme und einem Instrument vorgetragen wird, kann sehr wohl leiser sein als ein darauffolgender Rocksong, bei dem die komplette Band richtig Gas gibt. Bei gleich hohem Pegel werden die Vocals erheblich lauter klingen als ein laut gespieltes Schlagzeug, da bei einer Stimme der höchste Pegel in den mittleren Frequenzen zwischen 1.000 und 3.000 Hz liegt, bei den Drums jedoch der höchste Pegel (der Bassdrum) sich um die 80 Hz befindet. Daher kann bei einer Ballade ein Gesamtpegel von -3 dBFS bis -5 dBFS durchaus sinnvoll sein.

Gesamtsound

Zu einem homogenen Klangbild gehört auch ein aufeinander abgestimmtes Frequenzspektrum für jeden Titel. Ähnlich wie bei der Wahl der Lautstärke müssen nicht in jedem Titel der gleiche Höhenanteil und gleichstarke Bässe vorhanden sein, aber die Unterschiede sollten maßvoll bleiben. Große Differenzen im Klangbild führen auch zu einer unterschiedlichen Lautheitswahrnehmung.

Reihenfolge

Eventuell kann man durch Änderung der Titelreihenfolge einen schönen Spannungsbogen aufbauen, der von den Gesamtsounds der Songs unterstützt wird. Nach Möglichkeit sollten nicht zwei Titel in gleicher Tonart aufeinander folgen.

Pausenlängen

Nach dem Redbook-Standard sollten die Pausen zwischen den Titeln möglichst zwei Sekunden betragen. Technisch gesehen ist es kein Problem, davon abzuweichen. Die perfekte Lösung für die Bestimmung einer Pausenlänge wird durch den Takt des ausklingenden vorherigen Titels bestimmt. Ist der Titel beendet, zählt man zwei oder vier Zählzeiten im selben Tempo weiter und platziert im richtigen Takt den neuen Titel.

Die Wahrnehmung ein und derselben Pause kann sehr unterschiedlich sein. Vor allem wenn der vorherige Titel langsam ausblendet, ist beispielsweise im Auto schon einige Sekunden nichts mehr hörbar, während über Kopfhörer der Ausklang noch anhält.

Die Pausenlängen unterscheiden sich auch nach Musikgenres. Während im Hip Hop meist nur sehr kurze Pausen üblich sind, werden in der Klassik Pausen von vier bis zehn Sekunden bevorzugt. In der Klassik unterscheidet man die Pausenlängen außerdem danach, ob ein neuer Satz innerhalb eines Werkes einsetzt oder ob eine ganz andere Komposition beginnt.

Jede Start-ID kann zusätzlich mit einem kleinen Pre-Delay versehen werden. Da CD-Player unterschiedlich schnell beginnen, den Titel nach der Anwahl der Start-IDs abzuspielen, ist es sinnvoll, Pre-Delays zu nutzen. Gerade CD-Player in Autos sind oftmals sehr träge und schneiden den Anfang eines Titels ab.

Blenden und Crossfades

Selbst bei Songs, die einen musikalisch umgesetzten Schluss haben, wird am Ende geblendet. Auf diese Weise bringt man den ausklingenden Ton oder die Hallfahne unhörbar auf digital null. Dazu reicht schon ein Fade von einer Sekunde Länge. Es geht hier um den Übergang von der Modulation zur absoluten Stille. Wenn auch nur ein kleiner DC-Offset vorhanden ist, wird er mit diesem kurzen Fade beseitigt.

Soll ein Titel ausgeblendet werden, sind verschiedene Parameter für die Blende zu wählen. Zunächst sollte der Zeitpunkt festgelegt sein, an dem der Fade beginnt, danach ist der Augenblick des absoluten Schlusses zu wählen, oder es sollte alternativ die Länge des Fades festgelegt werden. Nun bleibt noch die Entscheidung über die Hüllkurve des Ausklangs. Bei einem linearen Fade-out ist der Schluss meist etwas abrupt. Daher klingt ein Fade mit einer exponentiellen Blende angenehmer.

Übergänge zwischen zwei Titeln, die keine Stille enthalten, werden Crossfades genannt. In den Ausklang des einen Titels wird der Anfang des neuen Titels geblendet. Gerade wenn der zweite Titel leise beginnt, kann das sehr angenehm klingen. Es ist allerdings darauf zu achten, dass die Tonarten der beiden Stücke zueinander passen. Befindet sich die Start-ID jedoch im Ausklang des vorherigen Titels, zeigen manche Programme eine Fehlermeldung an. In einigen Mastering-Programmen gibt es eine Funktion mit Namen „Audio In Pause", die in diesem Fall zu aktivieren ist.

Störgeräusche

Ich unterscheide zwischen zwei Kategorien von Störgeräuschen. Die erste Kategorie sind Begleitgeräusche beim Spielen eines Instruments. Dazu gehört das Quietschen des Pedals eines Flügels oder die Fußmaschine des Schlagzeugs, das Umblättern eines Notenblatts, das Geräusch von Fingern, die auf den Saiten einer Gitarre rutschen, oder die Klappengeräusche einer Klarinette. Grundsätzlich sind diese Geräusche Bestandteile der Musik und gehören deshalb einfach dazu. Schwierig wird es, wenn sie lauter werden als das Nutzsignal. Das ist störend, wenn auch unabänderlich, da in den meisten Fällen die Nebengeräusche zeitgleich mit der Musik entstehen und damit nicht zu beseitigen sind.

Es empfiehlt sich, sehr behutsam mit Kompression umzugehen. Durch starkes komprimieren, werden Nebengeräusche überproportional verstärkt. Diesem Phänomen begegnet man besonders deutlich bei der Aufnahme von Stimmen. Das Luftholen des Sängers kann hier lauter sein als der folgende gesungene Ton.

Die zweite Kategorie von Störgeräuschen hat ausschließlich technische Ursachen. Übersteuerungen rufen nichtlineare Verzerrungen, manchmal auch Knackser hervor. Synchronisationsfehler können auch leise, nur mit einem Kopfhörer erkennbare Knackser generieren. Elektronische Bauteile wie etwa alternde Kondensatoren erzeugen außerdem mitunter ein Knistern. Schlechte Kabelverbindungen, Einstreuungen, Brummschleifen, verschmutzte Kontakte und so weiter bilden ein ganzes Sortiment von Nebengeräuschen. Die Möglichkeiten, solche Störgeräusche zu beseitigen, sind meist begrenzt. Sehr kurze Impulse wie beispielsweise Knackser kann man oftmals herausschneiden, ohne Spuren zu hinterlassen. Schon bei minimal längeren Störungen wird es aber schwierig.

Wenn zeitgleich mit dem Störgeräusch ein musikalisches Ereignis stattfindet, kann man eventuell die Lautstärke kurzfristig reduzieren. Das fällt allerdings schon ab drei dBFS auf. Bei Musik, die mit einem Computer erstellt wurde, hat man eventuell die Möglichkeit, den betreffenden Teil herauszuschneiden und durch einen identischen Teil, der an einer anderen Stelle des Titels als Wiederholung existiert, zu ersetzten. Bei Livemusik funktioniert dieses Verfahren nicht, weil bereits minimale Temposchwankungen auffallen würden.

Auch das Beseitigen von rosa oder weißem Rauschen ist meist wenig aussichtsreich, obwohl es eine Reihe von Tools gibt, die dafür entwickelt wurden. Solche „Entrauscher" reduzieren die hohen Frequenzen meist auf eine Art, die den Klang des Originals beeinträchtigt. Auch das Sampeln von alleinstehendem Rauschen, um es in der Musik herauszurechnen, scheitert meist daran, dass sich entweder die Störung nirgendwo im Titel isoliert befindet oder aber das Rauschen lässt sich nicht befriedigend herausrechnen, da es im Ablauf eines Titels etwas unterschiedlich klingt. In manchen Fällen besteht die Möglichkeit, den Masking-Effekt zu nutzen. Rauschen kann beispielsweise mit einem leisen Synthesizer-Sound überdeckt werden.

Dem Toningenieur und dem Produzenten eines Werkes bleibt aber oft nur, die Fehler zu akzeptieren, wie sie sind. Oder man wiederholt die Aufnahme-Session beziehungsweise den Mixdown. Häufig steht man vor der Frage, ob man den Fehler nur hört, weil man weiß, dass er an dieser Stelle vorhanden ist, oder ob er von jedermann als Störung empfunden wird.

Master-Audio-CD

Für das Erstellen eines CD-Masters gibt es zwei verschiedene Möglichkeiten:

Die Master-Audio-CD ist ein Abbild der Audio-CD, wie sie der Konsument am Ende der Produktion in den Händen halten wird. Die Master-CD kann in jedem CD-Player abgespielt werden. Allerdings müssen einige Bedingungen erfüllt sein, damit sie als Master vom Presswerk akzeptiert wird. Die Spezifikationen einer Master-CD sind im Redbook-Standard definiert. Sind alle Bedingungen erfüllt, sollte außerdem sichergestellt sein, dass die Master-CD einwandfrei ausgelesen werden kann. Das ist keine Selbstverständlichkeit, da jede gebrannte CD allein schon durch den nicht perfekten Rohling Fehler ausweist.

Eine konzentrierte Hörprobe ist als Prüfung sinnvoll, denn schon kleine Aussetzer sind deutlich wahrnehmbar. Da jeder CD-Player etwas unterschiedlich mit Fehlerkorrekturen arbeitet, können aber manche Fehler während der Abtastung ungehört bleiben. Sicherer ist es, die gebrannte CD mit einem Prüfgerät wie dem StageTech EC2 zu prüfen oder dem Presswerk zwei Master-CDs zu schicken.

DDP-Master

Beim DDP-Master (Disc Description Protocol) handelt es sich um ein Datenformat, das den kompletten Inhalt entsprechend einer Audio-Master-CD enthält. Dieses Format ist nicht in Echtzeit auslesbar und daher nicht hörbar. Der Datensatz kann im Gegensatz zu einer Audio-CD auch als ZIP in seiner Gänze auf ein beliebiges Speichermedium übertragen oder einem Presswerk online zur Verfügung gestellt werden. Manche Audio-Editing-Programme, die Master CDs brennen können, sind auch in der Lage, DDP-Master zu erstellen. Neben dem digital codierten Audiosignal enthält es auch alle zusätzlichen Informationen, wie etwa den CD-Text, den ISRC-Code et cetera.

Eine zusätzliche Master-CD-Kopie ist als Abhörkontrolle sinnvoll. Viele Presswerke bevorzugen inzwischen DDP-Master, da es bei diesem Format keine Fehler beim Auslesen geben kann. Ursprünglich wurde das DDP-Master auf ein Exabyte-Tape überspielt. Hierbei handelt es sich um ein digitales Magnetband, das dem bekannten DAT ähnelt.

Redbook-Standard

1980 legten Sony und Philips gemeinsam die Norm für die Audio-CD (CD-DA: Compact Disc, Digital Audio) fest. Es wurden das Kodierungsverfahren (PCM) und die Art der Fehlerkorrektur definiert. Die Quantisierung beträgt 16 Bit, die Abtastrate wurde auf 44,1 kHz festgelegt. Außerdem wurde eine maximale Spielzeit von 74 Minuten bestimmt, woran sich allerdings niemand hält. Es können maximal 99 Titel aufgespielt werden. Ferner besteht die Möglichkeit, innerhalb eines Titels bis zu 99 Indexpunkte zu setzen. Jeder Titel sollte mindestens vier Sekunden Spielzeit aufweisen. Bei einer Audio-CD werden die Daten ohne Unterbrechung aufgespielt (Disc at Once). Sie enthält im Gegensatz zur CD-Extra keine Daten-Tracks.

In dem TOC (Table of Contents) werden zusätzlich zu den digitalen Audiodaten weitere Informationen geschrieben. Manche dieser Informationen sind optional. Dazu gehören ISRC-Code, EAN-Code und der CD-Text. Andere Informationen sind zwingender Bestandteil des TOC. Dies sind Angaben über die Anzahl der Titel, die Startpunkte und Laufzeiten der Titel, Längen der Pausen und die Gesamtspielzeit. Alle diese Daten werden als PQ-Codes in die Datenspur geschrieben. Die optionalen Daten trägt man vor dem Brennen einer Master-CD im Brennprogramm ein. Die zwingenden Daten werden automatisch generiert.

Metadaten

ISRC

Der ISRC (International Standard Recording Code) dient zur eindeutigen Identifikation eines Titels. Er wird beim Rundfunk und Fernsehen mit Hilfe von speziellen CD-Playern ausgelesen, um die Abrechnung mit der Gema zu vereinfachen. Dieser Code besteht immer aus einer zwölfstelligen Kombination von Buchstaben und Zahlen. Die ersten beiden Buchstaben kennzeichnen das Land, in dem der Titel veröffentlicht wird. Die nächsten drei Stellen können Buchstaben oder Zahlen beinhalten. Sie sind der Code für das Label, auf dem der Titel veröffentlicht wird. Die nächsten beiden Zahlen kennzeichnen das Jahr, in dem der Titel veröffentlicht wurde. Danach folgt eine fünfstellige Zahlenreihe, die für die Nummerierung der Titel zuständig ist (Beispiel: DESMM1200001).

CD-Text

Der CD-Text ist eine Option, den Namen des Interpreten und den Titelnamen in den Subcode des TOC zu schreiben. Er kann aus maximal 64 Zeichen bestehen. Die überwiegende Zahl der CD-Player ist allerdings nicht in der Lage, CD-Text zu lesen.

Gracenote-Datenbank

Diese Datenbank enthält mehr als sieben Millionen Datensätze von veröffentlichten Audio-CDs. Ein Datensatz birgt Informationen über den Komponisten, den Interpreten, den Titelnamen, die Laufzeit des einzelnen Titels, das Jahr der Veröffentlichung und das Genre. Auf die Gracenote-Datenbank kann automatisiert Zugriff genommen werden, wenn eine Audio-CD mit iTunes über einen Rechner abgespielt wird, der mit dem Internet verbunden ist. Der richtige Datensatz wird über den TOC zugeordnet. Um eine neue Audio-CD zu registrieren, können die entsprechenden Daten in iTunes eingetragen und über das Internet an die Gracenote-Datenbank übertragen werden.

Über den Autor

Stefan Noltemeyer ist seit drei Jahrzehnten als Musiker, Musikproduzent, Toningenieur und Tonstudio-Techniker tätig. Seine ersten tontechnischen Kenntnisse und Erfahrungen sammelte er in den Frankfurter Performance Studios. Dort hat er Produktionen von Symphonieorchestern, Jazz-, Rock- und Bigbands sowie Techno-Acts betreut und mitgestaltet. Gleichzeitig begann Noltemeyer seine Tätigkeit als Mastering-Ingenieur in einem der ersten Mastering-Studios Deutschlands, das überwiegend für Sony Music, ZYX Music und Bellaphon Records tätig war. Allein für Sony Music hat er Hunderte CD-Master erstellt.

Seit dem Jahr 2000 betreibt Noltemeyer ein eigenes Mastering-Studio in Berlin. Dort betreut er mittlerweile mehr als 3.000 Kunden aus 40 Ländern. Über das Mastering hinaus werden in seinem Studio auch Songs produziert, arrangiert und gemischt. Im Sommer 2011 wurde Noltemeyers zweites Gitarrenalbum veröffentlicht, dessen Titel häufig bei Funk- und Fernsehproduktionen eingesetzt werden.

Mehr dazu unter: www.mastering-online.de

Stichwortverzeichnis

A
A/D-Wandler 153
Abtastrate 151, 166
ADAT 159
ADSR (Attack, Decay, Sustain, Decay) 18f.
Advanced Audio Codec (AAC) 158
AES/EBU 63f., 159
Aiff-Format 156
ALAC (Apple Lossless Audio Codec) 156
Amplitude 118, 123, 151
Amplitudenverzerrung 116, 120, 123f.
Artefakte 155
Attack 18 f., 97, 99, 103, 106, 112, 114, 142f.,
Auflösung 68, 151, 153f.
Ausgangsimpedanz 62f., 70

B
Bandmaschine 12, 64, 73, 115f., 137f.
Bandsättigung 138
Basilarmembran 27, 38
Bassdruck 146
Bassdrum 33, 69, 75, 81, 95, 99f., 109, 112, 126, 128, 143 f., 146, 160
Bi-Amping 71,
Binaural 33, 36f.
Bitrate 64, 153ff., 157,
Blende 73, 162

Bouncen 58f.
Brick-Wall-Limiter 106
Brummschleife 61, 64, 164

C
CD-DA 166
CD-Extra 167,
Chorus 52, 123, 132, 143,
Cluster 53
Cocktail-Party-Effekt 39
Codierung 38, 156ff.
Compilation 108
Crossfade 162
Crosstalk 112ff.

D
Datenblock 151f., 155
Datenreduktion 38, 157
DAU (Digital-Analog-Umsetzer) 154
dBFS 11, 58, 66, 106ff., 132, 160, 164
De-Esser 96, 110, 131, 142,
Delay 50, 54, 142f.
Differenzfrequenz 36,
Diffraktion 24
Diffusor 46
Digital Peakmeter 66
Direktschall 35, 42f., 48f.
Disc At Once 167
Distortion 125
Dithering 155
Ducking 149
Dynamische Equalizer 12, 77

E
Einstrahlung 63f., 159
Einstreuungen 164
Entzerrer 77
Expander 96, 114f.

F
Fade 86, 162
Faltungshall 55
FLAC-Format 156
Flanger 52
Fletcher-Munson 31
Formanten 21
Formatwandlung 73
Fourier 21
Frequenzbänder 56, 70, 76, 105, 117
Frequenzverlust 63
Frequenzweiche 70f.
Fuzz 125

G
Gated Reverb 55
Gesamtpegel 58, 96, 98, 127, 134, 160
Glasfaserkabel 63f.
Goniometer 67
Gracenote Datenbank 168
Grafischer Equalizer 86f.
Grundfrequenz 16, 69, 81, 95, 145
Güte 78ff., 86

H
Haas-Effekt 36, 39
Hallradius 43,
Harmonische Obertöne 20, 134
Header 155f.

Headroom 153
Helmholtz-Resonator 45
Hochpassfilter 62, 84, 95, 126, 145
Hochtöner 47, 50, 71
Hörschwelle 18, 27ff.
Hüllkurve 19, 36, 113, 162

I
Impedanz 62f., 70, 116
Impulstreue 70
Impulsantwort 55
Indexpunkte 166
Induktiver Widerstand 62
Intensitätsstereofonie 51f., 90
Interferenz 119
Intervall 15f., 30, 151
Isophone 31f.
ISRC-Code (International Organisation Standard Recording Code) 166f.

K
Kammfiltereffekt 52, 119f.
Kapazitiver Widerstand 62f.
Kennlinie 60
Klangeinbußen 63
Klangfarbe 14, 20, 28, 52, 120, 130
Klirrfaktor 124
Knüppelstereofonie 52
Kondensator 84, 117, 164
Körperschall 22, 24, 42, 47
Kuhschwanz-Equalizer 83

L
Latenz 117
Laufzeitunterschied 33, 35, 43, 67, 88

Laufzeitverzerrung 116ff.
LFE (Low Frequency Effekt) 157
Limiter 11, 58, 66, 73ff., 96, 98, 101, 106ff., 116, 134
Lineare Verzerrungen 76f., 116, 124, 163
Low-End 126
Longitudinalwelle 22
Look Ahead 106
Loudness 32

M
M/S-Equalizer 77, 90
Make-Up-Gain 97f., 103, 146
Masking-Effekt 37f., 164
Masse 42
Messton 65
Mikrofon 25, 51, 53, 62, 75f., 90, 113, 116, 119f.
Mittenkanal 90, 105
Mixdown 10, 50, 53, 56, 78, 80, 83ff., 89, 91, 93, 99f., 109ff., 114, 125, 127, 134f., 141, 164
Modulationseffekt 52f., 123
Monofon 51f.
MP3-Format 156
MPEG-1 Audio Layer III 156
Multiband-Kompressor 103ff., 128

N
Nebengeräusche 99, 163f.
Nichtlineare Verzerrung 22, 124, 163
Noise-Gate 96
Notch-Filter 87f.
Nullleiter 61, 64
Nyquist-Shannon-Theorem 150f.

O
Obertöne 20ff., 28, 76, 80ff., 85, 95, 116, 124ff., 130, 134, 142, 147
Ohmscher Widerstand 62
Ortbarkeit 36
Overdrive 125
Overhead 95
Overload 66, 108

P
PAM (Puls Amplituden Modulation) 151
Panorama 57, 91, 93, 120, 143, 147
Parallel Kompression 102
Parametrischer Equalizer 78
Paritätsprüfung 152
Pascal 17, 28
Passive Lautsprechersysteme 70
Pausenlänge 161f.
Peakmeter 65f.
Pegeldifferenz 37, 51
Phantomschallquelle 52
Phase 67, 77, 90, 122
Phase Linear Equalizer 88f.
Phasenauslöschung 34, 56, 67, 118ff., 123, 133
Phasenkorrelator 67
Phasenstabil 88
Phasenverschiebung 10, 34, 52, 60, 70, 88f., 102, 117ff., 158
Phon 29
Pitch-Modulation 52
Plate-Reverb 56
Plug-in 11, 55, 58, 60, 77, 114, 122, 138
Präsenzbereich 31, 130, 144f.

Pre-Delay 54, 56, 162
Psychoakustik 25, 26ff., 37, 109, 132

Q
Quantisierung 166
Quantisierungsfehler 151, 153
Quersumme 152

R
R-C-Glied 117
Ratio 97, 103, 106, 112, 142f., 146
Real Audio Format 158
Realtime 58
Resource Interchange File Format (RIFF) 155
Redbook Standard 161, 165f.
Reflexion 23f., 35f., 42ff., 51ff.
Regelverstärker 18, 96
Release 18f., 97, 99, 103, 106, 112, 114, 142
Remastering 139
Repro-Kopf 137
Residualton 39
Resonanz 21, 34, 45, 47, 68
Resonator 45
Reverb 50, 53ff., 93, 113, 142f.
Rohling 165

S
S/PDIF 63, 159
Samplerate 151, 153f., 159
Schallisolationsmaß 42
Schallabsorbtion 24
Schallbeugung 23f.
Schallbrechung 23
Schalldruck 18, 27, 31, 35, 70, 107
Schallisolation 41f.
Schallschleuse 42
Schallwandler 76, 116
Schallwelle 13, 22, 25, 27, 35f., 45, 119
Seitenkanal 57, 9ff., 127, 132f., 158
Semiparametrischer Equalizer 83
Shelf-Equalizer 80
Sidechain 100, 149
Signal to Noise Ratio 115
Sinusschwingung 15, 21
Sinustöne 118f.
Slave 64
Sone 29
Start-ID 162f.
Stehende Welle 23, 44f.
Stem-Mastering 56, 93, 114, 130, 141
Störgeräusche 87, 112, 140, 143, 163f.
Studiopegel 75
Subgruppen 141
Subwoofer 34f., 72
Super-Bit-Mapping 140
Surround 140, 157
Sustain 18f., 125
Sweetspot 47
Synchronisation 64f., 152, 163

T
Tape-Mastering 115, 137f.
Terzband 16, 67, 86
Threshold 97f., 103, 112ff., 142
Tiefenstaffelung 60
Tieftöner 70
TOC (Table Of Contents) 167
Tonabnehmersysteme 63

Tonhöhe 15, 20, 24, 28, 30, 36, 52, 80
Tonstudiotechnik 64f., 118
TOSLINK-Anschluss 63, 159
Transienten 19, 21f., 61, 97, 99, 102, 108, 133f., 142, 145
Transienten-Designer 133
Tritonus 16
Truncation 155

U
Überkompression 158
Übersteuerung 60, 65f., 106, 163
Übertragungskette 76, 117, 123
Untersteuerung 153
Urteilskraft 32, 44, 69, 135

V
Verdeckung 37f.
Verkabelung 61
Verlustbehaftete Audioformate 158
Verlustfreie Audioformate 156
Verstärkungsfaktor 78ff., 89, 92, 96
Verzerrung 10, 22, 76f., 106f., 111, 116ff., 123ff., 147, 153, 163
Vinyl 10, 92, 108, 132, 139, 153
VU-Anzeigeinstrument 65f.

W
Wahrnehmung 13, 21, 25f., 29, 31, 37, 40, 43, 49, 51, 161
Wave-Format 155f.
Wechselstromwiderstand 63
Wellenfront 36, 39
Wellenlänge 15, 24, 34, 44, 119
Wordclock 64

Z
ZIP 166

PPVMEDIEN
We communicate music

Business-Know-How

Mach deine Band bekannt

Verträge für Musiker

"Musik & Moneten" bringt Licht in die wirtschaftlichen Aspekte von Künstler-, Bandübernahme- und Produzentenverträgen. Mit vielen Beispielverträgen, klar und verständlich geschrieben.

Musik & Moneten
144 Seiten
15,00 EUR

Unentbehrlich

Unentbehrlicher Wegweiser durch den Behördendschungel des Musikbusiness. Mit den zahlreichen Checklisten, Tests und Ausfüllhilfen kommen Sie schnell zum richtigen Ergebnis.

GEMA, GVL & KSK
116 Seiten
18,00 EUR

Strategien für Erfolg auch ohne Plattenvertrag

Von der Bandkonzeption über die Onlinepräsentation und den Onlinevertrieb bis hin zur Guerilla-PR erfährst du, wie du deine Band ohne großes Budget nach vorne bringst.

Selbstvermarktung für Musiker
320 Seiten
24,90 EUR

Wir machen Musiker erfolgreich!

Jetzt gleich bestellen: www.ppvmedien.de
Bestellhotline: 0 81 31/56 55 68 (Mo-Fr 08:00-18:00)
PPVMEDIEN GmbH • Postfach 57 • D-85230 Bergkirchen • www.ppvmedien.de

PPVMEDIEN
We communicate m...

Recording-DVDs

Das Standardwerk für Studio & Recording

Gitarren & Vocals im Mix

Der renommierte Studio-Profi Ulli Pallemanns erklärt in diesem Video-Seminar das Arrangement von Gitarren und Vocals im Mix einer perfekten Rockproduktion.
Rock-Mix DVD
62 Minuten Laufzeit
14,95 EUR

Die perfekte Veredelung einer Musikmischung

Ulli Pallemanns erklärt um was es im Mastering genau geht und führt an alle Aspekte heran die nötig sind, um die Aufgaben eines Mastering-Engineers professionell zu meistern.
Mastering
2 DVDs, 130 Minuten Laufzeit
19,95 EUR

Antworten auf alle Fragen

Grundlagenwissen, englische Begriffe, Lösungen für aktuelle Aufnahmeprobleme: Dieses Standardwerk gehört neben jeden Recordingcomputer.
Lexikon Recording
344 Seiten
14,95 EUR

Wir machen Musiker erfolgreich!

Jetzt gleich bestellen: www.ppvmedien.de
Bestellhotline: 0 81 31/56 55 68
PPVMEDIEN GmbH • Postfach 57 • D-85230 Bergkirchen • www.ppvmedien.de